MIGUEL ÁNGEL MUNÁRRIZ CASAJÚS

ENTIENDE PARA CREER Y CREE PARA ENTENDER

REFLEXIONES EN LOS LÍMITES DEL CONOCIMIENTO

EUNSA

EDICIONES UNIVERSIDAD DE NAVARRA, S.A.
PAMPLONA

Serie: Filosofía

Cupón para la Biblioteca Virtual

Accede a la versión eBook de este título por solo **1,99 €**. Con la compra de este libro puedes utilizar el siguiente cupón para la lectura en *streaming** desde la Biblioteca Virtual. **Sigue estas instrucciones** para visualizar tu libro:

1. Dirígete a la web de la Biblioteca Virtual en **https://ebooks.eunsa.es**.

2. En la web ve a **Iniciar sesión** e introduce tu email y contraseña. Si no estás registrado, deberás completar el proceso en **Registrarse**.

3. Tras registrarte, accede a la página del libro o lee el QR de esta página. Bajo el precio podrás **insertar el código oculto en el siguiente cupón** para activar la promoción.

Despegue para visualizar

Acceso directo al eBook

Canjéalo en ebooks.eunsa.es

*Con acceso a internet desde cualquier navegador.

© 2024. Miguel Ángel Munárriz Casajús
Ediciones Universidad de Navarra, S.A. (EUNSA)
Campus Universitario • Universidad de Navarra • 31009 Pamplona • España
+34 948 25 68 50 • www.eunsa.es • eunsa@eunsa.es

ISBN 978-84-313-3933-3
DL NA 467-2024

Fotografía cubierta
Alamy

Imprime: Podiprint
Printed in Spain – Impreso en España

Índice

Introducción

No se conoce ninguna cultura en la que no esté presente el hecho religioso, y esta evidencia histórica nos invita a pensar que la religión no es un fenómeno adjetivo para la vida humana, sino sustantivo. La religión responde a necesidades esenciales del hombre, propone una interpretación al sentido de la vida, proporciona una motivación para vencer sus reveses y ofrece valores propios y exclusivos de los seres humanos.

Pero hay factores que nos retraen a la hora de abrazarla y vivir en sintonía con ella. Uno de estos factores es que hayamos decidido pasar por la vida sin agobios ni compromisos, sobrenadándola sin acabar de sumergirnos en ella. Otro, que consideremos la religión como algo del pasado; algo que quizá tuvo sentido en su día para suplir la ignorancia de la gente, pero que en la actualidad ha perdido todo su sentido al haber descubierto la ciencia los mecanismos que gobiernan el mundo.

Y la verdad es que cada vez que la ciencia realiza un descubrimiento relevante, nos queda la sensación de que se está estrechando el espacio necesario para creer en Dios. De hecho, para muchos cristianos, los avances científicos juegan en contra de su fe religiosa, pues temen que acaben por demostrar que el cosmos es tan solo una gran máquina autónoma ajena a cualquier tipo de designio divino.

Pero la línea de pensamiento más inquietante para quien tiene una concepción trascendente de la vida, es quizá la que afecta a la propia idea de ser humano, pues el concepto de lo humano está siendo zarandeado por mil teorías reduccionistas que acaban por desconcertarnos. Escuchamos decir que somos un simple animal más evolucionado que el resto; que nuestra conciencia es sólo el fruto de nuestra actividad cerebral; que nuestros sentimientos más nobles, como el amor, se reducen a procesos bioquímicos; que no existe el libre albedrío; que nuestros actos están determinados; que nuestra vida es un mero paréntesis entre la nada de antes y la nada de después... y eso nos afecta.

Ante este panorama tenemos varias opciones. Podemos hacer oídos sordos y reafirmarnos en nuestra apuesta por Dios, podemos cambiar su signo y apostar por todo lo contrario, podemos soslayar la cuestión y resignarnos a vivir una vida superficial e indiferente a toda idea religiosa... o podemos coger el toro por los cuernos y tratar de entender por nosotros mismos hasta qué punto el avance de la ciencia y el auge del reduccionismo pueden suponer un obstáculo para nuestra fe.

Agustín de Hipona decía: «*Entiende para creer y cree para entender*», y mucho más recientemente Einstein remachaba esta idea con una frase muy conocida: «*La religión sin la ciencia es ciega, y la ciencia sin la religión es coja*».

Este libro nace para tratar de dar respuesta a estas inquietudes, y lo hace a través de una reflexión rigurosa centrada en las preguntas límite de nuestra existencia. Una reflexión en la cual se combina tanto el conocimiento científico, como el filosófico y el teológico, y que abarca todo ese colosal proceso que se inicia en el Bing Bang y llega hasta nosotros.

Quizá convenga aclarar que no buscamos certezas, ni demostrar nada, ni tener razón en nada, sino limitarnos a repasar muy sucintamente el proceso evolutivo, y compartir una reflexión que a nosotros nos parece interesante. El hecho de no buscar certezas es lo que nos permite alternar en nuestra reflexión ideas procedentes de los ámbitos científico, filosófico y teológico, aunque respecto a este último, debemos aclarar que no vamos a apoyarnos en la revelación para demostrar nada, sino que analizaremos sus propuestas en base a su razonabilidad.

Una última cita para finalizar esta introducción: «*Poca ciencia aleja de Dios, pero mucha ciencia devuelve a Él*» (Louis Pasteur).

Capítulo 1
Entrando en materia

Las preguntas que se van a plantear a lo largo de estas páginas han dado lugar a respuestas diversas según el ámbito desde el que se hayan respondido: científico, filosófico o teológico. Y la verdad es que nos hubiese gustado poder contestar a todas ellas basándonos sólo en el conocimiento científico, pero esto no es posible. Y no lo es, porque el ámbito de competencia de la ciencia se circunscribe al mundo material, y porque sólo responde a los *"por qué"* de las cosas, y no a los *"para qué"*.

Además –y como iremos viendo a lo largo del libro– la ciencia no responde a las preguntas límite que aquí se plantean, lo que indica que el conocimiento científico no es suficiente ni esencial para el ser humano y que resulte necesario recurrir a otras disciplinas.

La primera de ellas es la filosofía, que no aporta certezas, pero abre multitud de caminos que nos permiten avanzar en la búsqueda de nuestra esencia. Dentro de la filosofía, la metafísica es quizás la disciplina que más se ajusta al objeto de este trabajo, pues investiga, por una parte, los fundamentos de la realidad más allá de lo que somos capaces de experimentar, y por otra, el sentido y finalidad de todo cuanto existe. Desde Kant la metafísica ha perdido parte de su prestigio, pero podremos comprobar que sigue resultando apasionante (siempre que no busquemos certezas).

La última instancia en nuestro camino del conocimiento va a ser la teología, pues nos da acceso a respuestas que la ciencia y la filosofía nos vedan. El problema es que se basa en la fe –es decir, en la presunción de que Dios existe y se comunica con nosotros–, y por tanto sus respuestas hay que tomarlas como lo que son; creencias razonables. Al contrario que las otras, la religión no es una disciplina racional, pero debe de ser *"razonable"*; lo cual no significa que deba ser demostrable con la razón –esto sería racional–, sino aceptable por ella.

Planteado así el texto, vamos a comenzar definiendo muy brevemente cada uno de los tres tipos de conocimiento que se van a barajar a lo largo del libro.

El conocimiento científico

Llamamos 'conocimiento científico' al que se desarrolla según el método científico, es decir, el que, según define Roger Bacon allá por el siglo XIII, está basado en la observación, la experimentación, la formulación de hipótesis y la comprobación empírica de las mismas. En el siglo XX cambia la forma de hacer ciencia, y Karl Popper simplifica el método poniendo el énfasis en la refutabilidad de las teorías. Popper dice que el conocimiento científico es siempre provisional, pues en cualquier momento puede descubrirse un fenómeno que rebata la tesis.

El ser humano tiene un marcado espíritu científico que canaliza desde antiguo estudiando la composición y el comportamiento de las cosas. No puede sustraerse a esta necesidad. De hecho, la primera filosofía que se desarrolla en occidente tiene un carácter eminentemente científico, pues los primeros filósofos comienzan a valerse de la observación y la razón para estudiar los fenómenos naturales que hasta entonces sólo eran comprensibles desde el mito.

Están movidos por la mera curiosidad y no se plantean obtener ventaja alguna de su conocimiento. Pero, con el paso del tiempo, se desarrollan técnicas que convierten los recursos naturales en materia prima para ser explotada y aprovechada con fines prácticos, lo que convierte el conocimiento científico en *"conocimiento útil"*.

Cuando la ciencia se ha aplicado a la medicina o la agricultura, el resultado ha sido valioso para paliar el dolor humano y el hambre en el mundo, pero cuando se ha usado para desarrollar armamento, o puesto al servicio de intereses comerciales que derivan en la explotación desordenada de nuestro hábitat, las consecuencias han sido (están siendo) catastróficas. Como dice el filósofo alemán Hans Jonas: «*La acción conjunta de la ciencia y la economía está llevando al mundo al desastre*». Tampoco es desdeñable su efecto directo sobre los ciudadanos, pues les crea necesidades ficticias que complican su vida y ponen cada vez más alto el listón de la felicidad. La mejor prueba de ello es que hace tan solo unos años no necesitábamos coche, televisión, móvil o internet para ser felices, y que hoy nos consideramos desgraciados si nos faltan un solo minuto.

En principio, el conocimiento científico es un conocimiento fiable, pero conviene resaltar un hecho que puede resultar importante a la hora de afrontar otros capítulos. Nos referimos a que su fiabilidad guarda una relación directa con la disponibilidad de datos empíricos en los que contrastar las teorías, razón por la cual, la fiabilidad de la física clásica es muy alta, mientras que las teorías científicas sobre hechos que ocurrieron hace millones de años (como, por ejemplo, la hominización) gozan de una fiabilidad muy cuestionable. Y es que la escasez de datos empíricos disponibles obliga al científico a echar mano de la conjetura mucho más allá de lo que exige una buena praxis científica, dando lugar a la existencia de teorías científicas dispares (cuando no contradictorias) sobre un mismo acontecimiento.

En cualquier caso, conviene no confundir dos conceptos que manejaremos a menudo y que no tienen casi nada en común: *ciencia* y *cientifismo*. La ciencia es una disciplina que contribuye al desarrollo y bienestar de los ciudadanos a través del estudio de la composición y el comportamiento de las cosas (con las salvedades que ya hemos mencionado). El cientifismo es una cultura que propugna la primacía del conocimiento científico sobre cualquier otro tipo de conocimiento. El cientifismo radical practica el activismo en contra de cualquier posición distinta de la suya, y no duda en descalificar y despreciar todo conocimiento o creencia que escape al ámbito científico.

Resumiendo, al hablar de conocimiento científico nos estamos refiriendo a un conocimiento limitado a una pequeña comunidad de iniciados e inasequible al resto; circunscrito al mundo material; que está generando grandes avances en unos campos de actividad y sometiendo a grandes riesgos a la humanidad en otros; que no da criterios de vida y que está siendo aprovechado por cientifistas exaltados para atacar creencias y formas tradicionales de vida…

Según nos dice también Hans Jonas, «*La promesa de redención con la que se presentó la ciencia, ha desembocado en la mayor amenaza de la historia*».

El conocimiento filosófico

El objeto de la filosofía no es dar soluciones definitivas a los interrogantes de la existencia, sino capacitar al hombre para que use su razón en la búsqueda de la esencia y el sentido de su vida.

Al conocimiento filosófico se accede a través de un acto personal, ya que se da dentro y no fuera de la persona. Es también una actividad netamente racional que se produce a través de la lógica, el análisis de las ideas y la crítica del conocimiento existente. Para Hegel, cualquier idea filosófica se sustenta en otras anteriores que se van contrastando, depurando y consolidando a través de la confrontación entre ellas. Hegel nunca habló de *"fases"* en este proceso, pero lo entenderemos mejor con este tipo de terminología. La primera fase es la tesis, es decir, una idea lanzada por alguien. La segunda es la antítesis, en la que surge la crítica o contradicción a la idea original. La tercera es la síntesis o afirmación de los aspectos *"correctos"* de cada una de las dos ideas, desechando los incorrectos. Esta síntesis puede ser tomada como nueva tesis y recomenzar el proceso, de tal forma que así se logra la autorrealización de la razón. Según Hegel, por medio de este mecanismo en el transcurso de la historia, prevalecen las ideas más sólidas, y el *"espíritu universal"* –conjunto de todo el conocimiento de la humanidad– se va enriqueciendo.

Un importante campo de la filosofía es el relativo al estudio del ser humano; y de ahí su importancia en este trabajo. De hecho, todas aquellas facultadas humanas cuyo estudio riguroso sobrepasa la capacidad de la ciencia –como son la libertad, el amor, la felicidad, la virtud, la conciencia moral, el bien y el mal o el sentido de la vida– entran dentro de su ámbito de competencia. Últimamente ha habido varias disciplinas que se han desgajado del tronco común de la filosofía –como es el caso de la psicología y la sociología– mutilándola en cierto modo.

Como ya hemos dicho, otra rama de la filosofía importante para nuestro propósito es la metafísica, pues se ocupa de los últimos principios de cuanto existe. Si estamos aquí y tenemos una vida que vivir, es debido a unas causas primeras que son objeto de estudio dentro de la metafísica. Su propio nombre indica que trata de aquellos aspectos de la realidad que son inaccesibles a la investigación científica, o como dice Kant, «*que escapan a la posibilidad de ser experimentadas sensiblemente por el ser humano*». Es tal la fuerza con que nuestra mente nos plantea preguntas límite propias de la metafísica, que Schopenhauer define al ser humano como "*animal metafísico*".

Dentro de la metafísica hallamos la ontología –filosofía primera que estudia al ser en cuanto tal–, y la teleología, que estudia los fines como causa última de la realidad. Un proceso se considera teleológico cuando está encaminado a un fin y todo lo que en él ocurre está causado por el fin para el que fue concebido. Insistimos en este concepto, pues una de las tesis del libro es el carácter teleológico de todo el proceso que se inicia en el Big Bang y llega a nosotros.

Hay otras ramas de la metafísica –como la metafísica de la Naturaleza que trata del sistema que rige nuestra representación del mundo; la metafísica axiológica referida al origen y naturaleza de los valores; la metafísica de las costumbres que estudia el conjunto de principios que determinan a priori lo que es moralmente bueno o malo; la metafísica trascendente que se ocupa de la demostración de la existencia de Dios a través de la razón, etc.–, pero por el momento queremos resaltar estas dos por ser de especial aplicación a nuestro trabajo.

El conocimiento filosófico es por tanto esencial para vivir con sentido, y hasta el cristianismo se soporta en un andamiaje filosófico de base platónica y aristotélica. La filosofía nos permite trascender lo puramente material para sumergirnos en aquellas cuestiones que configuran la esencia de lo humano, pero en la actualidad se ha minimizado su importancia hasta el punto de que algunos afirman que la filosofía ha muerto (Stephen Hawking), o que sólo sirve para perfeccionar el lenguaje científico (Ludwig Wittgenstein).

Resulta sorprendente que la mayoría de filósofos actuales renuncie a plantearse las preguntas propias de la metafísica aduciendo que cualquier esfuerzo por tratar de responderlas resulta vano. Y es cierto que la filosofía no proporciona certezas, pero nos ayuda a vivir con una mayor conciencia de lo que ello significa. Tenemos una clara tendencia a dudar de las respuestas racionales carentes de un soporte empírico, pero quizás olvidamos que la lógica correctamente aplicada puede generar conocimiento seguro. Un silogismo genuino proporciona una conclusión cierta, y un razonamiento lógico riguroso también. Y no tratamos con ello de decir que la metafísica nos da certezas –ni mucho menos–, sino que es un elemento del que no podemos prescindir si buscamos respuestas.

Paradójicamente, desde el ámbito científico se están buscando las respuestas que la filosofía desdeña, aunque la propia naturaleza de esas preguntas sobrepasa con creces su competencia y capacidad. Por desgracia, las teorías metafísicas vestidas de ciencia emitidas desde el ámbito científico aportan muy poco al panorama general, pues, por una parte, carecen del soporte empírico adecuado paran ser consideradas teorías científicas, y por otra, son muy flojas desde un punto de vista filosófico.

El conocimiento religioso

Quizás sería más apropiado llamarlo *"creencia religiosa"*, aunque esa creencia ha generado una cultura religiosa asequible a todas las personas con independencia de su nivel de formación en otras materias (al revés de lo que ocurre con el conocimiento científico o filosófico reservados a minorías). Por ello, el conocimiento religioso ha sido tradicionalmente el conocimiento del pueblo, y a través de él ha obtenido respuestas a las preguntas que se ha planteado el ser humano a lo largo de la historia.

Hoy se mira con desdén todo planteamiento vital basado en la existencia de Dios, pero la realidad es que no se conoce ninguna cultura en la que no esté presente el hecho religioso. La religión da respuesta a lo que verdaderamente nos atañe, pues no se limita a proponer un determinado modo de vida, sino que nos da razones para pensar que la vida tiene sentido y que está encaminada a un fin que la justifica. Cada religión se soporta en una idea básica en torno a la cual se articula todo lo demás, y todas las religiones son, o deberían ser, cauce de convivencia.

El fundamento del cristianismo es el amor al prójimo. Sobre este núcleo básico, unos ven ese amor como respuesta gratuita al amor de Dios, y otros como las obras que deben presentar en el trance de la muerte. Los primeros basan la esperanza de vida eterna en el amor incondicional del Padre, mientras que los segundos piensan que la vida eterna se gana con las buenas obras.

El fundamento del hinduismo es la armonía universal. En su núcleo más íntimo está el convencimiento de que el equilibrio interior de cada uno propicia la armonía con los demás y con la Naturaleza. De la diligencia que cada uno muestre por mantener ese equilibrio depende que su alma siga sometida al *"sámsara"* —ciclo de reencarnaciones— o que éste cese y el alma individual se funda definitivamente con el Alma Universal de la que procede y a la que ansía volver.

El budismo presenta el deseo como causa de nuestro sufrimiento, y propone un noble camino óctuple para lograr la cesación del sufrimiento... Y así todas las demás.

Este caudal de sabiduría no puede ser ignorado porque ahora seamos capaces de mirar dentro del átomo o más allá de las estrellas, pero la cultura cientifista la rechaza de plano, pues considera estéril cualquier esfuerzo en el campo de la metafísica y pueril cualquier alusión a los principios religiosos.

Capítulo 2
¿De dónde venimos?

La interpretación creacionista de nuestro origen nos la proporciona el Génesis, y más concretamente, su capítulo segundo donde se describe así la creación del primer hombre: «*Modeló Yahvé Dios al hombre de la arcilla, y le sopló en el rostro aliento de vida*». Hay personas que se aferran a una interpretación literal de esta expresión y la defienden a ultranza como palabra de Dios. En el extremo opuesto, hay otras que la descalifican sin ser posiblemente conscientes de lo que están descalificando.

En ambos casos el problema es la falta de criterio a la hora de leer los textos sagrados, porque es preciso saber interpretarlos adecuadamente si no se quiere llegar a conclusiones que nada tengan que ver con la intención del autor.

Cuando leemos el Génesis, debemos saber que sus cronistas no tienen ninguna vocación científica, y que les importa un bledo cómo se formó el mundo o cómo surgió el primer hombre. El único mensaje que tratan de transmitir es que el mundo es obra de Dios y que el hombre está alentado por el soplo de Dios; por el espíritu de Dios... Eso sí, para envolver el mensaje se inventan un relato precioso que hace tangible ese suceso. Que Dios se *"manchase las manos"* modelando una figura de barro, o que dispusiese las cosas para que emergiese un cosmos donde pudiesen aparecer las bacterias, los peces, los anfibios, las aves, los mamíferos y finalmente el hombre, es algo que no afecta al fondo del mensaje. El cronista que narra la historia no sabe nada de genética ni de evolución biológica, y aunque hubiese sabido, le habrían parecido totalmente irrelevantes frente al mensaje central que nos trasmite. La interpretación materialista del origen del cosmos y de nuestro propio origen se ha basado tradicionalmente en el azar. El relato que nos hace la ciencia del proceso de formación del cosmos, el surgimiento de la vida y la aparición del ser humano sobre la faz de la Tierra, está llena de casualidades favorables sin las que todo este proceso no habría culminado en nosotros. Es significativo el comentario de un prestigioso científico para avalar la metafísica del azar –hemos perdido su referencia, aunque pudo haber sido Karl Sagan–: «*Si hoy estamos aquí para hacernos estas preguntas es porque hemos tenido mucha suerte*».

Pero el recurso al azar era poco consistente para justificar nuestra presencia en la Tierra, y por eso, la teoría de la evolución de Darwin supuso un importante impulso a las tesis no creacionistas. Ya no era el azar el único responsable de nuestra presencia en el mundo, sino que también había que contar con la selección natural que guiaba todo el proceso evolutivo sin necesidad de ningún tipo de designio divino.

Ninguna de estas dos teorías –la creacionista y la evolucionista estricta (o sea, sin designio divino)– puede ser probada o refutada de manera fehaciente, de forma que el único criterio para abrazar la una o la otra es la razonabilidad. El problema es que lo que a unos les parece razonable, a otros les parece todo lo contrario.

La explicación bíblica presupone la existencia de una *"realidad"* que escapa a nuestros sentidos (Dios creador), y la cuestión está en saber si nuestros sentidos tienen una capacidad ilimitada de percepción de la realidad, o si son limitados y hay realidades que les pasan desapercibidas. En el primer caso la explicación que nos ofrece la Biblia sería absurda, pero el segundo la haría plausible. La explicación materialista supone, por una parte, que el universo es incausado, y por otra, que estamos aquí por azar, y la probabilidad de que esto haya sido así –incluso habida cuenta la selección natural– es prácticamente nula. Por eso se apela también al enorme periodo de tiempo que ha tenido la Naturaleza para realizar su obra.

No nos parece descabellado pensar que existen dos criterios distintos que nos llevan a lugares diferentes. La argumentación lógica apunta a una causa primera como origen de todo cuanto existe, y, de hecho, autores como Aristóteles, Agustín, Anselmo, Tomás, Descartes, Voltaire, y muchos más, afirman la existencia de Dios basándose en la lógica. Recogemos aquí la famosa frase de Voltaire al respecto: «*No hay reloj sin relojero*». Por contra, la presencia del mal en el mundo apunta a todo lo contrario y es un serio escollo a la hora de admitir la idea de un Dios providente como el de los cristianos. Científicos tan ilustres como Darwin o Einstein rechazan de plano la metafísica del azar, pero la existencia del mal en el mundo lleva al primero a abandonar la práctica religiosa, y al segundo a abrazar el Dios panteísta de Spinoza.

Pero de todo esto nos ocuparemos con mayor detalle en los capítulos siguientes. Lo que por ahora deseamos resaltar es que, si queremos abordar el problema de nuestra existencia sin prejuicios y en toda su amplitud, no podemos renunciar a ningún tipo de conocimiento, bien sea científico, filosófico o teológico. Como hemos recogido en el prólogo de este trabajo, Agustín de Hipona nos legó la frase que le da título: «*Entiende para creer y cree para entender*», y Albert Einstein la remachó más tarde con su frase: «*La ciencia sin la religión es coja, y la religión sin la ciencia es ciega*».

Esta afirmación de Einstein no es evidente, y muchos autores contemporáneos se manifiestan en el sentido opuesto. Para ellos, el único conocimiento significativo es el científico, y el resto de conocimiento no debe ser tomado en consideración. Podemos recordar la famosa frase con la que Ludwig Wittgenstein finaliza el Tractatus: *«De lo que no se puede hablar es mejor callar»...* ¿Qué quiso decir?

En el propio Tractatus, Wittgenstein define el mundo como *«la totalidad de los hechos»*, y afirma –o afirmaba en su primera etapa– que no se puede hablar de lo que no responda a una *«figura lógica de los hechos»*; es decir, que no se puede hablar de metafísica ni religión. Por fortuna, en su segunda etapa, Wittgenstein reconoce que es posible hacer cualquier tipo proposición siempre que seamos conscientes de su naturaleza (científica, filosófica, teológica...).

Hecho pues este breve planteamiento general, en las páginas siguientes vamos a afrontar más a fondo la pregunta por nuestro origen, y lo vamos a hacer a través de la argumentación lógica positiva y la refutación de teorías carentes (en nuestra opinión) del fundamento que afirman tener. Para ello vamos a centrar nuestra atención en los tres momentos clave de la historia del universo: la cosmogénesis, la biogénesis y la noogénesis.

Capítulo 3

Cosmogénesis – Relato científico

La mención en el epígrafe a *"relato científico"* puede en principio asustar a quien no se considere capacitado para entenderlo, y por eso queremos empezar aclarando que hemos puesto especial interés en que sea asequible a todo aquel que lo lea. De hecho, no pasa de ser un esbozo casi telegráfico de las teorías más aceptadas por la comunidad científica, y está narrado en unos términos y usando unos conceptos que todos conocemos. Se trata de hacernos una idea sencilla de lo que los científicos dicen al respecto, pero incluyendo aquellos aspectos de la cuestión que serán motivo de crítica en el siguiente capítulo. A pesar de estas salvedades, hemos tratado de mantener el máximo rigor exigible a un relato de esta naturaleza.

Composición del Universo

Tenemos la suerte de contar con un modelo, el *"Modelo Estándar del Big Bang"*, que goza de una muy alta aceptación en la comunidad científica y que nos va a servir para componer el relato. Pero antes de ello, nos parece conveniente mencionar los elementos básicos que componen el universo, pues solo así podremos saber de qué estamos hablando. Comenzaremos diciendo que el universo se compone de materia y energía, y que existen cuatro fuerzas que mantienen en equilibrio todo el sistema.

La materia se caracteriza por ocupar espacio, tener inercia y estar sometida a la acción de la gravedad. Las dos partículas básicas de materia que componen el cosmos son los electrones y los quarks de distintos *"sabores"* (flavors), lo que significa que el universo conocido está construido con estas dos partículas ínfimas (al nivel al que nos estamos moviendo nos vamos a olvidar de los neutrinos).

Los quarks se unen de tres en tres para formar protones y neutrones, y estos se agrupan a su vez para formar los núcleos atómicos. La fuerza que actúa en todas estas uniones es la *"nuclear fuerte"*. Según el número de protones que tenga un núcleo, estamos hablando de un elemento químico u otro. Los electrones orbitan en torno a los núcleos formando los átomos, y la fuerza que los mantiene orbitando es la *"fuerza electromagnética"*.

La antimateria tuvo un papel relevante en los primeros compases del universo, por lo que no podemos obviarla en esta presentación. Se llama antipartícula a una partícula elemental que tiene propiedades contrarias a las que hallamos en los átomos de los elementos químicos; por ejemplo, un electrón de carga eléctrica positiva. Según la teoría de la relatividad especial de Einstein, la energía tiene la capacidad de producir materia, pero sólo si produce simultáneamente una cantidad idéntica de antimateria. Materia y antimateria se aniquilan espontáneamente liberando la misma energía que necesitaron para formarse.

La energía se transmite por el universo en forma de radiación; concretamente de radiación electromagnética. Una característica de esta radiación –por ejemplo, la luz visible– es su ausencia de masa. Tiene carácter ondulatorio, y podemos entender mejor su naturaleza y funcionamiento con un ejemplo sencillo. Si en un estanque en reposo arrojamos una piedra, observamos que en torno al punto de impacto se genera un tren de ondas cuyo diámetro exterior se va haciendo cada vez mayor. Pues bien, la radiación electromagnética se produce de forma similar, pero en tres dimensiones y por oscilación de los campos eléctrico y magnético, y no del agua. El espacio está lleno de ondas de radiación, y en él, los fotones ("*cuantos*" de energía) son diez mil millones de veces más numerosos que los electrones, pues constituyen el medio a través del cual las estrellas envían al espacio la enorme energía que generan en su interior. *Las fuerzas* son las encargadas de mantener en equilibrio los componentes del universo. Hemos mencionado la nuclear fuerte y electromagnética, pero nos quedan otras dos. Las grandes estructuras del universo se mantienen en equilibrio por la acción de "*la fuerza de la gravedad*", que es la única que actúa a grandes distancias. Existe una cuarta fuerza, "*la fuerza nuclear débil*", capaz de producir el cambio de identidad de las partículas subatómicas; por ejemplo, de convertir neutrones en protones. Los científicos creen que las cuatro fuerzas son distintas manifestaciones de una única fuerza que surgió en el instante del Big Bang, y sueñan con desarrollar una teoría unificada que las agrupe en una sola. Dicho esto, pasamos a esbozar el proceso de formación del cosmos.

Del Big Bang a la formación de los átomos

Según el Modelo Estándar, lo primero en aparecer es la energía en forma de radiación electromagnética (como la luz), aunque parte de ella se transforma instantes después en partículas de materia y antimateria. Más tarde, y según un mecanismo todavía confuso, se aniquila la antimateria y el cosmos queda configurado sólo por materia.

Algunos autores sostienen que un instante después del Big Bang se produce una época de expansión inflacionaria del universo (de expansión brutal), impulsada por una *gravedad repulsiva* –el inflatón– que, en un tiempo ínfimo lleva al universo de una dimensión de 10^{-30} cm hasta la de un centímetro (todo ello aproximado, por supuesto). Cuando la inflación toca a su fin, la gravedad se vuelve atractiva y el universo entra en una fase de expansión moderada. Según los autores de esta teoría, la energía potencial acumulada por el inflatón durante ese tiempo, se convierte en materia, en calor y en energía cinética, provocando un efecto similar al de una gran explosión. Esta teoría –llamada de *"la gran inflación"*– carece de soporte empírico y no forma parte del Modelo Estándar, pero nos parece oportuno incluirla en el relato porque será motivo de crítica posterior.

Volvemos a la Modelo Estándar. En un principio los quarks y electrones vagan libres por el espacio, pues la enorme temperatura del universo primigenio les confiere tal energía que les impide combinarse entre sí. Cuando baja la temperatura debido a la expansión, los quarks comienzan a soldarse formando protones y neutrones libres. Más adelante –y con el universo más frío–, estos protones y neutrones comienzan a combinarse entre sí formando núcleos atómicos de elementos ligeros; el hidrógeno (un solo protón en el núcleo), deuterio (un protón y un neutrón) y helio (dos protones y dos neutrones). Trescientos ochenta mil años después del Big Bang (un soplo de tiempo dentro del proceso), los electrones, que todavía vagan libres por el espacio, se unen a los núcleos formando los átomos de estos elementos.

De los átomos a la formación de los planetas

Por tanto, en el universo que hemos llamado primigenio sólo existen estos tres elementos; hidrógeno, deuterio y helio (quizás una pequeña proporción de litio).

En el flujo de materia que se produce tras la gran explosión, hay fluctuaciones de densidad (grumos) que van acumulando materia en torno suyo debido a la fuerza de la gravedad y acaban dando lugar a las galaxias y las estrellas. Las estrellas están formadas principalmente por hidrógeno, y generan su energía a través de reacciones nucleares de fusión en las que dos átomos de hidrógeno dan lugar a uno de helio.

Todos los materiales pesados que forman los sistemas planetarios y asteroides, se originan en el interior de las estrellas debido las condiciones extremas de presión y temperatura que allí existen, y son arrojados al espacio al explotar las supernovas que los contienen. Cuando las estrellas agotan su combustible nuclear, colapsan sobre sí mismas debido a su propia gravedad, dando lugar (según el tamaño que tuviese la estrella) a *"enanas blancas"*, *"estrellas de neutrones"* y *"agujeros negros"*.

El Modelo Estándar renuncia a explicar las causas que provocan el Big Bang, y, dado el objeto de este trabajo, ésa es la parte que más nos interesaría conocer. No obstante, hay diversas teorías al respecto basadas en experiencias realizadas en los aceleradores de partículas, aunque la única con cierta aceptación es la referida a la *"energía cuántica"*. Según ella, fue esa energía (también llamada energía del vacío) la que desencadenó el proceso en alguna región del espacio. El problema es que todas las teorías que se remontan al otro lado del Big Bang gozan de muy poco prestigio entre los miembros con mayor relevancia en la comunidad científica, pues presentan incoherencias cruciales de las que nos ocuparemos en el capítulo siguiente.

Como conclusión podríamos decir dos cosas. La primera, que la ciencia nos da las claves para entender el proceso que va desde unos instantes después del Big Bang hasta nuestros días. La segunda, que las teorías que tratan de remontarse al otro lado del mismo para establecer su origen, carecen del soporte teórico y empírico adecuado, y los miembros más relevantes de la comunidad científica se resisten a aceptarlas.

Capítulo 4

Cosmogénesis – Reflexión y comentarios

Si nos centramos en las causas que provocan el Big Bang –es decir, las causas que dan lugar al cosmos–, vemos que, salvo raras excepciones, los cosmólogos más solventes dudan de que puedan llegar a ser descubiertas desde la ciencia. Un ejemplo representativo es el de James Peebles, Premio Nobel de física de 2019, que, en una entrevista en la embajada sueca en Washington tras obtener el galardón, manifestó lo siguiente:

> *«Lo que sí tenemos es una teoría de la evolución bien probada desde unos segundos después de la explosión, sin embargo, la misteriosa fase inicial sigue siendo eso, un misterio».*

No obstante, otros científicos afirman poder establecer esas causas, y es en sus teorías en las que vamos a centrar nuestra crítica.

Crítica a la respuesta científica

La Modelo Estándar –casi unánimemente aceptado por la comunidad científica– concibe el Big Bang en base a lo que conocemos, y no va más allá de lo que conocemos. Llama Big Bang al instante en que se inicia el proceso de formación del cosmos, y añade que en ese mismo momento surge también el espacio-tiempo.

Evidentemente, la causa que provoca el Big Bang debe ser previa a él, lo que significa que para conocerla debemos remontarnos a un instante anterior al mismo. El problema es que hablar de un tiempo anterior al Big Bang dentro del Modelo Estándar no tiene sentido, pues, como acabamos de indicar, según este modelo el espacio-tiempo surge en ese mismo instante. Esto significa que antes no existía ni espacio ni tiempo, y en su ausencia las leyes físicas no tienen ningún significado, lo que aborta de raíz cualquier planteamiento serio previo al Big Bang (y de ahí que los físicos relevantes como James Peebles renuncien a hacerlo).

A más abundamiento, el Big Bang es lo que los científicos llaman *"punto singular"* donde los datos empíricos previos (si es que los hubo) desaparecen. Resulta evidente que sin leyes físicas ni datos empíricos, las teorías que se emitan desde el otro lado del Big Bang no pueden considerarse científicas, sino, en todo caso, metafísicas. Por tanto, si nos remontamos hacia atrás en el tiempo, la ciencia tiene un límite evidente, y ese límite es el instante del Big Bang (cuando aparece el espacio–tiempo).

Así las cosas, lo único que pueden hacer los científicos que no se resignan a admitir este límite, es aventurar hipótesis sin soporte teórico ni empírico válido que las pueda demostrar. Naturalmente, ellos no lo ven así, y arguyen que sus hipótesis están basadas en experimentos llevados a cabo en laboratorio. Pero los resultados que se obtienen en un laboratorio del siglo veintiuno –con espacio-tiempo y leyes físicas– no pueden extrapolarse a las condiciones existentes *"con anterioridad"* al Big Bang, y es evidente que apoyarse en experiencias que no recrean las condiciones reales donde se produce el fenómeno a describir (condiciones que ni siquiera somos capaces de imaginar), es una práctica acientífica que quita todo valor científico al resultado que se obtenga.

Entre estas hipótesis podemos mencionar una –ya citada– que afirma que fue la energía del vacío, o energía cuántica, la que prendió la mecha del Big Bang. Si nos basamos en las descripciones que nos ofrece Craig J. Hogan en su libro *"The little book of the Big Bang"*, o Hubert Reeves en *"Crónicas de los átomos y de las galaxias"*, vemos que, según su versión, y empleando sus mismas palabras, antes del Big Bang había *"vacío excitado"*, *"una mota microscópica"*, *"espacio"*, *"energía cuántica"* y por supuesto, leyes físicas. Demasiadas cosas para poder referirse a ese instante como origen de algo…

Pero hay más hipótesis al respecto. En el capítulo precedente hemos mencionado el modelo propuesto por el cosmólogo americano Alan Guth –llamado de la *"gran inflación"*–, que propone una secuencia inicial que soslaya alguna de las dificultades planteadas en otros modelos. El problema de esta hipótesis es que va más allá de los hechos y entra de lleno en el terreno de las conjeturas (por eso no forma parte de la Modelo Estándar). Sitúa primero la aparición del espacio-tiempo, luego una expansión inflacionaria de milésimas de segundo impulsada por una fuerza repulsiva misteriosa a la que llama *"inflatón"*, y finalmente el flujo de radiación de materia y energía asimilable a una gran explosión. Y es cierto que con esta argucia se consigue que el Big Bang se produzca en un entorno donde ya existe el espacio-tiempo, pero esta teoría adolece de graves inconsistencias.

La más relevante es que vulnera de manera flagrante el primer principio de la termodinámica, pues describe un mecanismo capaz de crear una ingente cantidad de energía en un instante partiendo de la nada (pues si hubiera algo ya no sería el origen). También es reseñable que no aporta ni un solo dato empírico que la avale, lo que la descalifica como teoría científica. No se ha encontrado en el cosmos ni rastro de algo que permita simplemente intuir que haya existido una quinta fuerza, el inflatón (base de este modelo), lo que nos lleva a concluir que se trata de una fuerza inventada *"ad hoc"* para lanzar esta teoría que en algunos otros aspectos resulta interesante.

En todo caso, y refiriéndonos ya a todo este conjunto de teorías, ninguna de ellas explica la causa de la aparición del espacio-tiempo ni de las leyes físicas. Y claro, toda teoría consistente sobre el origen del cosmos, no sólo debe explicar el origen de la materia y la energía, sino también del espacio-tiempo y las leyes físicas que las gobiernan. Si no partimos del instante en que no había nada de ello, no estamos hablando del origen.

Pero hay más, pues aunque fuésemos capaces de descubrir qué había al otro lado del Big Bang (que no lo somos), no habríamos progresado nada en nuestro intento de abordar desde la ciencia la pregunta sobre nuestro origen. Porque si se descubre que no había nada –ni espacio, ni tiempo, ni leyes físicas, ni materia, ni energía–, es que estamos hablando de creación en sentido estricto; y la creación exige un creador. Y si había algo, como por ejemplo algún tipo de energía cuántica, o espacio vacío, o leyes físicas, deberíamos volver a preguntarnos por su origen, por lo que estaríamos de nuevo en las mismas. Nos habríamos limitado a dar un patadón hacia adelante para encontrar después la misma pelota. Lo curioso es que Aristóteles ya planteó un argumento lógico muy parecido, y veinticinco siglos después seguimos dándonos de cabezazos contra él.

Para esquivar este escollo, otras teorías afirman que un universo puede surgir espontáneamente de la nada, y que, de hecho, somos capaces de crear universos en laboratorio (se refieren a un *"par partícula-antipartícula"*, que sólo dura unos pocos nanosegundos antes de aniquilarse, que no surge de la nada sino del espacio-tiempo, y no de manera espontánea, sino provocada en un acelerador de partículas de enorme energía).

Otras teorías surgidas en ambientes científicos hablan de energías positivas y negativas, y añaden que el balance total de la energía del universo es cero, por lo que no necesita de ningún creador para existir...

Pero, empleando su propia terminología, en un *"sistema"* se considera energía positiva a la que entra en el mismo y negativa a la que sale de él (o al revés, lo mismo da). Por ejemplo, en un coche –aquí el sistema considerado es el propio coche– se considera energía *positiva* la energía química de la gasolina que hemos echado en el depósito de combustible, y *negativa*, la energía mecánica que lo mueve venciendo tanto la inercia como la rodadura y la resistencia del aire; la energía calorífica que se genera en el motor por el segundo principio de la termodinámica y por rozamiento en sus piezas y componentes; la energía eléctrica consumida, la energía acústica, etc. Por el principio de conservación de la energía, las energías positiva y negativa son idénticas; es decir, lo que entra es igual a lo que sale.

Aplicando ahora ese mismo razonamiento al proceso de generación del cosmos, vemos que toda la energía involucrada es *negativa*, pues no hay ni la más mínima posibilidad de que haya entrado ni un ápice de energía en el sistema –aquí, el sistema es un cosmos muy pequeño rodeado de la nada–. En cambio, se ha requerido energía para producir la radiación inicial y provocar temperaturas de miles de millones de grados en la época caliente, energía para convertir la radiación en materia; energía para impulsar la expansión del universo venciendo la acción de la gravedad; energía para acumular todo tipo de energías potenciales acumuladas en el cosmos...

Por supuesto, todas estas energías son del mismo signo, y todas ellas se suman para dar una cifra descomunal que no tiene contrapartida en forma de energía positiva (entrante). La única posibilidad es que esa energía positiva estuviese contenida en aquel *"átomo primigenio"* que, según Georges Lemaître (sacerdote jesuita belga y cosmólogo genial), dio lugar al universo (igual que la energía que mueve nuestro coche estaba acumulada en el depósito de la gasolina). Pero es evidente que alguien tuvo que ponerla allí previamente. El modelo de la *"gran inflación"* lanza la hipótesis de que fue el *"inflatón"* (gravedad repulsiva de la que nadie tiene noticia) el que acumuló en un instante la gigantesca cantidad de energía que provocó la explosión, pero, como ya hemos dicho, esta hipótesis contradice el principio de conservación de la energía, que dice que la energía ni se crea ni se destruye.

Este conjunto de razonamientos nos lleva a afirmar que las hipótesis planteadas desde la ciencia para explicar la cosmogénesis, no tienen soporte teórico ni empírico y acaban vulnerando el primer principio de la termodinámica –en el que se basa toda la ciencia–. Por eso los científicos del máximo prestigio admiten sin ambages que ignoran lo que pudo haber ocurrido en los primeros instantes del Big Bang.

Un inciso. Llama poderosamente la atención encontrar teorías científicas con tan poco fundamento como las que acabamos de mencionar, pero quizá la explicación sea más simple de lo que parece a primera vista. Como en cualquier otra profesión, hay científicos muy buenos y otros malos de solemnidad, y todos hallan la forma de publicar sus teorías. Pero eso no es todo.

Es un hecho conocido y notorio dentro de la comunidad científica, que no pocos físicos de partículas muestran un desconocimiento notable de los principios básicos de la física clásica. Karl Popper los llama «*ignorantes*» y «*matemáticos disfrazados de físicos*» por lo descabellado de algunas de sus teorías. Pero eso no es todo. Están también los científicos *"divulgadores de ciencia"*, a quienes colegas suyos del prestigio de Michio Kaku, Brian Greene, Stephen Hawking o Edward Witten, coinciden al afirmar que están más preocupados en vender libros, que en mantener un mínimo rigor en sus publicaciones.

Finalmente, tampoco es descartable la falta de objetividad derivada de prejuicios religiosos; hecho éste que Hawking consigna en su libro *"La historia del tiempo"* refiriéndose a dos científicos soviéticos, Isaac Khalatnikov y Evgenii Lifshitz, que ejercieron una fuerte oposición a la teoría del Big Bang por considerar que reforzaba las tesis creacionistas. Según palabras del propio Hawking, lo hicieron «*debido a su creencia marxista en el determinismo científico*».

Ampliando la perspectiva a la lógica metafísica

Toda teoría estrictamente científica sobre el origen del universo estará siempre sometida a una inconsistencia insalvable, y es que la materia no tiene en sí misma el principio de su propia existencia. Para que una cosa exista debe haber un principio que le dé la existencia, y como dice Descartes, si no lo encontramos dentro del mundo habrá que buscarlo fuera. Por tanto, agotado el camino que nos propone la ciencia, estamos abocados a recurrir a la lógica; y la lógica nos mueve a postular la existencia de Dios; bien como creador (deísmo), o bien como esencia del mismo (panteísmo).

Ahora bien, la referencia a Dios nos mete de lleno en el debate filosófico más candente desde que los griegos empezaron a hacer filosofía:

¿Existe más realidad que la que vemos o entendemos?

Entre aquellos filósofos griegos, unos, como Pitágoras, decían que sí, y otros, como Demócrito, afirmaban que no; lo cual es lógico, pues al carecer la cuestión de un soporte empírico adecuado, tanto su afirmación como su negación resultan, en principio, aceptables. Creemos que la postura más razonable consiste en aceptar la *"posibilidad"* de que exista (o de que no exista) esa realidad, sin tratar de ir más lejos en nuestras conclusiones.

Pero, no obstante lo dicho, no nos resistimos a seguir avanzando en nuestro razonamiento, pues la misma lógica nos muestra que su negación resulta más difícil de sostener que su afirmación. En primer lugar, porque nuestros sentidos son limitados y nuestro cerebro también. En segundo lugar, porque vivimos confinados en nuestro mundo mental (el teatro cartesiano), y ni siquiera podemos afirmar que las cosas que percibimos existan o sean tal cómo las captan nuestros sentidos y entiende nuestra razón. En tercer lugar, porque nuestro conocimiento del universo es tan pobre, y se limita a una fracción tan pequeña del mismo, que no se presta a ninguna afirmación rotunda. De hecho, ignoramos hasta la sustancia de la que está hecha la mayor parte del cosmos (razón por la cual, la llamamos *"materia oscura"* o *"energía oscura"*).

Y esto es difícilmente rebatible, aunque conviene advertir que la lógica tampoco nos permite *"afirmar"* que existan otras realidades que superan nuestra percepción o nuestro entendimiento (porque no tenemos ningún dato objetivo que lo demuestre). Ambas son *"creencias"* legítimas que no se soportan en nada tangible, y que por tanto no merecen ser elevadas a un rango distinto del anhelo o postulado indemostrable.

El principio antrópico

En el universo los fenómenos ocurren siempre de una determinada manera, y de ninguna otra. Los científicos han ido creando modelos heurísticos que los explican, han plasmado los resultados en ecuaciones matemáticas y a estas formulaciones las han llamado *"leyes físicas"*. Por ejemplo, Newton llega a la conclusión de que dos cuerpos se atraen siempre con una fuerza directamente proporcional al producto de sus masas e inversamente proporcional al cuadrado de su distancia, y este hallazgo da lugar a la ley física de la gravitación universal. Y así cientos o miles de leyes físicas que describen con precisión el comportamiento de los fenómenos físicos que perciben nuestros sentidos.

Esta forma concreta e inexorable de ocurrir las cosas ha dado lugar a un universo que ha permitido la aparición del hombre sobre la Tierra, y según opinión unánime dentro de la comunidad científica, cualquier mínima variación en cualquiera de las leyes físicas que rigen el cosmos –es decir, en la forma de comportarse las cosas– habría impedido nuestra presencia en el mundo.

Ante esta evidencia sólo caben dos posturas. La primera, suponer que las Leyes Naturales han sido establecidas con el fin de propiciar nuestra presencia en el mundo, y la segunda, que esta presencia se deba a una enorme casualidad cuya probabilidad de ocurrir es ínfima… Este dilema ha dado lugar a la formulación del *"principio antrópico"* que vamos a esbozar a continuación.

La génesis de este principio no es filosófica, sino puramente científica; fruto del estudio minucioso del cosmos y su proceso de evolución. Básicamente establece que *«cualquier teoría válida sobre el universo tiene que ser consistente con la existencia de seres conscientes capaces de formularse estas preguntas»*. Sobre esta base se han realizado diversos enunciados del principio antrópico, y vamos a ver alguno de ellos.

Stephen Hawking, en su libro *"La historia del tiempo"*, enfoca este principio desde una óptica puramente cosmológica y sin ninguna referencia al azar. Según Hawking, el principio antrópico débil dice así:

«En un universo grande o infinito, las condiciones necesarias para el desarrollo de vida inteligente se darán solamente en ciertas regiones limitadas en el tiempo y en el espacio. Vive el que está allí y porque está allí, y si

viviese en otra región no lo haría. Es como una persona rica que vive en un entorno acaudalado y se sorprende por no ver ninguna pobreza».

También formula el principio antrópico fuerte en los siguientes términos: «*¿Por qué es el universo tal como lo vemos?... porque si hubiese sido diferente nosotros no estaríamos aquí para verlo».* Probablemente tiene razón, pero una razón muy aséptica. Su formulación ignora cualquier mención probabilística, y la conclusión a la que llega es razonable y natural. Dice que las condiciones necesarias para el desarrollo de la vida inteligente se darán solamente en ciertas regiones limitadas en el tiempo y en el espacio, pero no nos aclara cual es la probabilidad de que se dé en alguna de ellas. Es como si alguien nos dice que para que nos toque el gordo de la lotería basta que el número de la bola que sale del bombo coincida con el de nuestro boleto, pero no nos dice que la probabilidad es de uno contra cien mil... Vamos ahora a ver otras formulaciones que sí hacen referencia al azar.

Estas fórmulas parten de una óptica temporal más amplia que la de Hawking, pues consideran también el proceso de evolución biológica hasta llegar el hombre (sin olvidar el hecho de la selección natural). Se basan en un hecho bien demostrado: que la existencia humana ha tenido lugar gracias a la sucesión vertiginosa de casualidades favorables y mutaciones genéticas oportunas cuya probabilidad de darse en la realidad es mínima. Según afirma John Barrow, matemático y cosmólogo británico: «*La increíble serie de coincidencias que permiten nuestra presencia en el universo, parecen haber sido cuidadosamente preparadas para garantizar nuestra existencia».*

Sobre esta base, el principio antrópico débil afirma que «*el mundo podría haber sido de muchas otras formas, pero en ninguna de ellas habríamos estado nosotros».* Este principio es aceptado mayoritariamente por la comunidad científica, aunque es de notar que en esta formulación cabe el recurso al azar para explicar la aparición del hombre. Pero el principio antrópico fuerte –mucho más controvertido– va más allá, rechaza el azar, y sostiene que todo el proceso ha estado diseñado con un único fin; propiciar nuestra existencia: «*Nuestra existencia es la que ha determinado la estructura del universo*». Muy parecido al argumento teleológico formulado desde la filosofía.

Juan A. Estrada, filósofo contemporáneo, en su libro *"La pregunta por Dios"* afirma que esta fórmula es compatible con la idea actual de creación, pues establece que la Naturaleza ha sido programada para la consecución de un fin. Añade que supone un importante impulso para la metafísica creacionista, pues, como él dice: «*Es la propia ciencia la que nos invita a no descartar a Dios a la hora de buscar respuestas a los interrogantes básicos de nuestra existencia. Por tanto, desde una perspectiva exclusivamente científica, ya no resulta irracional la referencia a Dios para explicar la existencia del cosmos*».

Capítulo 5

Biogénesis – Relato científico

Hemos visto –de manera superficial, pero suficiente para nuestro propósito– lo que la ciencia dice respecto a la formación del universo. Ahora nos toca ocuparnos del segundo gran salto ontológico: el salto de la materia a la vida.

El sistema solar se forma hace cuatro mil quinientos cincuenta millones de años a partir de una enorme nube de gas, rocas y polvo cósmico frenados en su expansión por la acción de la gravedad. La nube de gas está constituida por hidrógeno y helio procedentes del Big Bang, mientras que los materiales sólidos son los restos de la explosión de supernovas cercanas. Estos materiales están sometidos a rotación por la acción gravitatoria.

En un principio la Tierra presenta un medioambiente hostil para el desarrollo de la vida, pues, por una parte, se producen colisiones frecuentes con grandes meteoritos que la tienen sumida en una espesa nube de polvo y vapor de agua, y por otra, es tan elevada la temperatura que aborta toda posibilidad de vida. Alrededor de doscientos millones de años después, la temperatura baja de los cien grados centígrados, se condensa el vapor de agua, se forman los océanos y aparece la corteza terrestre.

Esta nueva estructura medioambiental representa la primera condición para que pueda desarrollarse la vida sobre la Tierra. La segunda es la disponibilidad de los suficientes reactivos químicos esenciales en la composición de organismos vivos. Cuando hablamos de reactivos, nos referimos principalmente a metano, amoníaco, sulfuro de hidrógeno, dióxido de carbono, aniones fosfato y agua. Por tanto, desde el punto de vista científico, la pregunta sobre el origen de la vida puede centrarse en la posibilidad y la probabilidad de que estos compuestos hayan podido combinarse y evolucionar hasta la aparición de la primera célula (pues una vez formada ésta, su capacidad de reproducción explica la aparición de todos los organismos vivos, incluido el hombre).

Para recorrer el largo camino que media entre el mundo mineral inorgánico de los primeros tiempos, y la aparición de los primeros homínidos —periodo al que se refiere este capítulo— lo vamos a dividir en dos etapas. La primera es la *"abiogénesis"*, es decir, el origen de la primera célula viva partiendo de la materia inorgánica existente en aquella Tierra primitiva. La segunda es la *"evolución biológica"*, o conjunto de transformaciones que han originado la diversidad de formas de vida que han poblado y pueblan la Tierra.

La abiogénesis

Antes de iniciar la descripción del proceso, vamos a ver algunas definiciones que deben ayudarnos a entenderlo mejor.

La célula es el elemento básico constitutivo de todo ser vivo, o, dicho de otro modo, es el elemento más simple que puede considerarse vivo. Todos los organismos están compuestos por células, y todas las células proceden de otras precedentes. En el interior de cada célula tiene lugar un conjunto de reacciones químicas destinadas a sintetizar las proteínas, glúcidos y lípidos que conforman su estructura y le permiten crecer y regenerarse (metabolismo). *Las proteínas* representan el ochenta por ciento de la sustancia celular. Tienen funciones estructurales (formación de tejido), metabólicas, inmunológicas, catalíticas, contráctiles y otras muchas. Las proteínas son unos polímeros formados por unos monómeros llamados *"aminoácidos"*.

Los ácidos nucleicos (ADN y ARN) se encargan de supervisar la síntesis de las proteínas, es decir, de que la estructura de cada célula sea la que corresponde a su función. Por ejemplo, una célula del cristalino del ojo es distinta de una célula de un hueso, y son los ácidos nucleicos los encargados de que así suceda. Estos ácidos son también responsables de la transmisión hereditaria de caracteres de generación en generación. Los ácidos nucleicos son polímeros cuyos monómeros son los *"nucleótidos"*.

Estos monómeros –aminoácidos y nucleótidos– son moléculas complejas que pueden haberse formado espontáneamente en las condiciones reinantes en la Tierra primitiva. Existen otros muchos elementos en la composición de las células, pero en aras a la simplicidad los pasaremos por alto.

Dicho esto, ya podemos ocuparnos del proceso de formación de la primera célula.

Aleksander Oparin, bioquímico ruso, desarrolla una teoría abiogenética donde afirma que en la Tierra primitiva debían existir compuestos orgánicos –como metano y amoniaco– obtenidos de forma natural a partir de elementos químicos inorgánicos. También afirma que estos compuestos, junto al hidrógeno y el fósforo, proporcionan un sustrato adecuado para que se produzcan los nucleótidos y los aminoácidos que conforman la base de las células, pero Oparin deja sin responder la pregunta clave de todo el proceso: ¿Cómo puede llegar a formarse una célula a partir de ellos?

Para responderla, es necesario considerar los tres estadios que median entre la materia orgánica y la primera célula viva. El primero es el origen de los monómeros, como los aminoácidos y los nucleótidos. El segundo es el origen de los polímeros, como las proteínas, que surgen por polimerización de millones de aminoácidos, y los ácidos nucleicos, formados por un número similar de nucleótidos. El tercero es la evolución de una estructura molecular carente de vida a la célula viva.

El problema al que se enfrentan los bioquímicos que estudian la abiogénesis es que las evidencias empíricas son escasas y nada demuestran, pues en laboratorio no se ha logrado sintetizar proteínas espontáneamente, aunque sí se ha conseguido la formación espontánea de aminoácidos y péptidos (polímeros de aminoácidos de muy pocos monómeros). En el caso de los ácidos nucleicos la situación es peor, pues ni siquiera se ha logrado la formación espontánea de sus monómeros, los nucleótidos.

Las teorías abiogenéticas parten de otro tipo de experiencia, y es que en una suspensión de carbohidratos (moléculas orgánicas con base en el carbono), se ve que éstas se atraen y tienden a juntarse por la acción de la fuerza electrostática. Este proceso da lugar a unas microesferas (algunas recubiertas de capas lipídicas) que están compuestas de agregados caóticos de esos elementos. A esas microesferas obtenidas en laboratorio se las denomina "coacervados" (insistimos en que estas microesferas son simplemente un montón de moléculas variadas y complejas que permanecen juntas por la atracción electrostática que se ejerce entre sí).

Sobre esta base, la mayoría de teorías abiogenéticas suponen que en ciertos lugares propicios –como las fumarolas de los fondos marinos–, ciertos compuestos simples (como metano y amoníaco) forman moléculas complejas (en primer término, monómeros y luego polímeros), y éstas se agrupan en formas abigarradas como las que acabamos de describir. Estos coacervados naturales –los *"protobiontes"*– atraen e integran todo lo que encuentran en su entorno, creciendo al azar y dando lugar a infinidad de tipos de ellos dependiendo de los compuestos orgánicos que hayan captado y se encuentran en su interior.

Cuando estos protobiontes crecen demasiado se rompen, dando lugar a restos de polímeros que pueden considerarse *copias* de los anteriores, pues están formados por los compuestos orgánicos que había dentro. Este mecanismo por el que los protobiontes crecen por fusión y se replican por fisión, se puede asimilar a una forma muy arcaica de reproducción. De alguna forma podemos decir que poseen reproducción simple, metabolismo, excitabilidad y un medio químico interno distinto del externo... Pero insistimos en que, por el momento, estamos hablando de conglomerados aleatorios de moléculas complejas independientes, y no de células.

Y aquí es donde las teorías abiogenéticas dan el gran salto, porque partiendo de estas hipótesis, terminan afirmando que alguno de estos protobiontes desarrolla por azar los orgánulos básicos de lo que más tarde serán las células, y uno de ellos se convierte en célula procariota sin núcleo; probablemente una bacteria.

Existen dos hipótesis principales para explicar la transformación de agregados moleculares en estructuras celulares. La primera –denominada el *"Mundo del ARN"*– defiende que los primeros en aparecer fueron los genes, mientras que la segunda –denominada el *"Mundo de hierro-sulfuro"*– afirma que lo primero fueron las rutas metabólicas, es decir, las reacciones catabólicas y anabólicas. Fuese de una forma o de la otra, al final del proceso encontramos la primera estructura capaz de albergar la vida. Desde el ámbito científico se afirma, casi unánimemente, que la vida en la Tierra procede de una sola célula considerada el ancestro común de todas las especies vivas que la pueblan. A esta célula se la ha bautizado con las siglas LUCA (*Last Universal Common Ancestro*).

Esto puede haber ocurrido hace tres mil quinientos millones de años, y una vez surgida la vida, su función reproductora hace que se perpetúe hasta nuestros días. Aunque las cifras que se manejan son dispares, hace mil quinientos millones de años, pueden haber surgido las primeras células eucariotas –con núcleo– que conforman los animales, vegetales y hongos. Hace seiscientos millones de años pueden haber aparecido los primeros organismos pluricelulares por especialización de las células que formaban una colonia.

La evolución biológica

Se denomina evolución biológica al conjunto de transformaciones que, a través del tiempo y partiendo de un antepasado común, han originado la diversidad de formas de vida que pueblan la Tierra. La idea del origen natural de las especies se plantea desde muy antiguo, pero hasta el siglo diecinueve no recibe un tratamiento científico acorde a la naturaleza del problema. Hoy casi nadie duda del papel de la evolución en el origen y consolidación de las especies, pero algunos de los mecanismos que la rigen siguen siendo confusos y sometidos a debate.

El primer referente en la teoría de la evolución es Jean B. Lamarck, cuyas tesis siguen en parte vigentes con el nombre de *"Lamarckismo"*. El primero que le da un tratamiento científico riguroso es Charles Darwin. El *"Darwinismo"* se continúa con el *"Neodarwinismo"* de August Weismann, y éste, a su vez, con la *"Síntesis Evolutiva Moderna"* de Julian Huxley. Finalmente surge la *"Ampliación de la Síntesis Moderna"* que recoge los nuevos desarrollos en biología molecular y otras disciplinas afines. Esta última teoría pone en entredicho algunas hipótesis defendidas en las teorías anteriores y propone otras nuevas.

Básicamente, Darwin afirma que todas las formas de vida proceden de unos pocos organismos elementales, y que las especies evolucionan en base a la selección natural y en torno a la variabilidad en los caracteres de sus individuos. Los individuos de una población mejor adaptados al medio prevalecen y se reproducen, y los menos adaptados sucumben y desaparece su linaje. Siguiendo la teoría de Lamarck, sostiene que los caracteres adquiridos por un individuo a lo largo de la vida se transmiten a su descendencia, y propugna que tanto la microevolución (dentro de la especie) como la macroevolución (aparición de nuevas especies o taxones superiores) se producen por este mecanismo y de forma gradual.

Cuando Darwin publica su libro *"La evolución de las especies"* en 1859, todavía no se ha desarrollado la genética, y de ahí su error al adoptar la teoría lamarckiana sobre la transmisión a la descendencia de los *"caracteres adquiridos"* durante la vida del progenitor. Por esta misma razón, no sabe explicar la variabilidad de caracteres dentro de una misma especie o una misma población. Finalmente, su afirmación sobre la gradualidad de todo el proceso evolutivo es hoy día compartida por muy pocos, pues el registro fósil muestra, cada vez con más claridad, que la macroevolución se ha producido de forma saltacional, y no gradual.

Apoyado en los avances en materia genética propiciados por Gregor J. Mendel, el *"Neodarwinismo"* rechaza la transmisión de los caracteres adquiridos y explica la variabilidad en base a la reproducción sexual. Más tarde, la *"Síntesis evolutiva moderna"* involucra a otras ramas de la ciencia, como la paleontología, la clasificación, la genética, la zoología y la botánica. Introduce el concepto de mutación genética, y sostiene que el juego entre el azar de las mutaciones genéticas aleatorias, y la selección natural en torno a la variabilidad, constituyen el motor de la evolución. Sigue manteniendo que tanto la microevolución como la macroevolución se producen de forma gradual.

Finalmente, la *"Ampliación de la síntesis moderna"* muestra su rechazo a que la macroevolución se haya producido de forma gradual, sino saltacional. Plantea nuevas teorías, abre nuevos caminos y muestra que, aunque la teoría general es adecuada, los mecanismos evolutivos están todavía muy lejos de ser conocidos.

Para concluir este capítulo, ofrecemos a continuación un calendario plausible de los hitos básicos del proceso evolutivo, advirtiendo, eso sí, de que las fechas que se incluyen son aproximadas, tratando de redondear el abanico de datos que distintas fuentes dan al respecto.

Hace seiscientos millones de años pueden haber aparecido los primeros organismos pluricelulares, aunque algunos paleontólogos contemplan la posibilidad de que este primer linaje de organismos se extinguiese, y que la vida pluricelular se desarrollase en múltiples procesos independientes dando lugar a esponjas, algas y hongos mucosos independientemente.

Hace quinientos cincuenta millones años se produce lo que se ha llamado *"explosión cámbrica"*, es decir, la proliferación de infinidad de organismos complejos precursores de los peces, los reptiles, las aves y los mamíferos. Los peces pueden haber sido los primeros vertebrados en aparecer y haberlo hecho hace quinientos millones de años aproximadamente. Poco después, los hongos y las algas que se han acumulado en los bordes del agua, comienzan a colonizar la tierra protegidos por la capa de ozono que filtra los rayos ultravioleta. Por otra parte, existen evidencias de que los artrópodos –animales con patas articuladas– ya existían hace cuatrocientos millones de años.

Poco después pueden haber aparecido los primeros tetrápodos –animales de cuatro patas–, que han evolucionado a partir de los peces. En un principio ponen los huevos en el agua, aunque de adultos desarrollan su vida en la tierra. El huevo amniótico permite la reproducción completa en la tierra, y puede haber surgido hace trescientos cincuenta millones de años proporcionando gran impulso al desarrollo de ese taxón.

Hace trescientos millones de años se observa una divergencia fundamental en el proceso evolutivo, quedando los mamíferos definitivamente en una de sus ramas, mientras que aves y reptiles quedan en la otra. Hace doscientos cincuenta millones de años, los primeros dinosaurios se separan de sus ancestros los reptiles y se convierten en la especie dominante entre los vertebrados. En ese periodo, los mamíferos son primitivos y de reducido tamaño. También en este periodo aparecen las primeras aves.

Hace sesenta y cinco millones de años se extinguen los dinosaurios debido probablemente al impacto de un meteorito gigante. Esta catástrofe provoca una rápida expansión de los mamíferos, que ocupan los ecosistemas dejados por los dinosaurios y se convierten en los vertebrados dominantes. Hace sesenta millones de años vive el último ancestro común de todos los primates. Una de las especies surgidas de su linaje desarrolla la capacidad de caminar en posición erecta y experimenta un notable aumento del tamaño de su cerebro. De esta forma, hace dos millones de años, aparece el primer individuo clasificado dentro del género *"Homo"*.

Hace doscientos mil años encontramos un descendiente que ha desarrollado ciertas habilidades sociales, capacidad de cooperación y un determinado desarrollo cultural. Probablemente, también ha desarrollado el lenguaje. Se trata del *"Homo Sapiens"*.

Capítulo 6
Biogénesis – Reflexión y comentarios

Aunque existen otras teorías al respecto, el proceso que dio lugar a la vida debe haberse producido a partir de los elementos químicos inorgánicos disponibles en algún entorno favorable –al menos a esta hipótesis nos vamos a circunscribir por suponerla la más razonable–. No sabemos con precisión cuál puede haber sido ese entorno ni la probabilidad de que todos los elementos se hallasen disponibles en él, pero sabemos –o al menos, eso indica la ciencia– que su combinación espontánea pudo haber dado lugar a moléculas orgánicas cada vez más complejas, luego a conglomerados caóticos de moléculas poliméricas, y finalmente a la primera célula viva: ancestro común de todos los seres vivos que pueblan la Tierra.

El problema es que en el transcurso de este breve relato hemos dado un salto que posiblemente haya pasado desapercibido, pues hemos comenzado hablando de materia y en un momento determinado hemos pasado a hablar de vida; como si la materia tuviese la facultad de generar vida.

De la materia a la vida

La aparición de la vida es un hecho trascendental que representa nada menos que el surgimiento de una nueva realidad ontológica –una nueva forma de ser– que cambia radicalmente la faz del planeta. Sería un error confundir la estructura material que alberga la vida con la vida misma, porque la vida es una realidad superior a la materia que conforma la célula en cualquier escala ontológica que queramos aplicar. De ahí el énfasis en remarcar esta diferencia. Esto significa que si queremos estudiar con rigor el proceso de génesis de la vida debemos dividirlo en dos etapas: la primera, relativa a la formación de la estructura celular capaz de albergarla, y la segunda, relativa al comienzo de la vida en una de ellas.

Respecto a la primera etapa –formación de la estructura celular– la dificultad a que se enfrentan los científicos es de carácter probabilístico, pues resulta improbable que aquellos conglomerados moleculares –los protobiontes– que hemos calificado de caóticos por haber crecido al azar sin ajustarse a ningún patrón, hubiesen podido evolucionar, también por azar, hasta convertirse en un mecanismo de tan pasmosa complejidad como es la célula.

Conscientes de esta dificultad, algunos científicos se han visto obligados a extender la teoría de la selección natural a la evolución de los protobiontes, pero si repasamos los mecanismos que caracterizan la selección natural, es posible que nos cuestionemos esta teoría. La primera condición para poder hablar de selección natural es que nos estemos refiriendo a organismos vivos; no a simples conglomerados moleculares. La segunda, que el ecosistema donde habitan estos organismos no pueda satisfacer las necesidades de toda la población, o, dicho de otro modo, que su capacidad reproductiva sea superior a la que tiene el medio para producir los recursos necesarios. La tercera, que en esa población exista variabilidad de caracteres entre sus individuos que permita a los más capacitados sobrevivir y reproducirse.

Es muy difícil aplicar este mecanismo –cuyo efecto es la supervivencia de los organismos más aptos o adaptados–, a unos compuestos químicos que carecen de vida y que por tanto no pueden sobrevivir o perecer; unos compuestos que no se reproducen ni tienen carga genética alguna que trasmitir a una descendencia que no es tal.

En cualquier caso –e incluso haciendo abstracción de esa objeción sustancial– el mecanismo de selección natural funciona en el sentido de producir individuos cada vez más fuertes, más rápidos o mejor camuflados, es decir, cada vez más adaptados al medio. En el caso que tuviese algún sentido hablar de selección natural refiriéndose a unos compuestos carentes de vida –que no lo tiene–, su efecto en los protobiontes debería haber sido la evolución hacia conglomerados cada vez más robustos, estables y resistentes, pero en ningún caso hacia la aparición de orgánulos que *¡sólo mirados desde el futuro!* tenían algún significado.

(Solo un inciso para poner el énfasis en esta increíble anticipación del futuro que se repetirá en infinidad de fenómenos ocurridos durante la evolución, pues la ciencia no tiene explicación racional ni razonable para explicar este hecho).

Descartada la selección natural, nos queda un proceso ciego sin otro motor que el azar; es decir, sin ningún tipo de ayuda de ningún mecanismo evolutivo. Existían infinidad de caminos a seguir –infinidad–, y dieron con el que, casualmente, provocó la vida. Nada menos que la vida.

A favor de la teoría del azar juega la evidencia de que este proceso requirió cientos de millones de años para producirse, y en contra, que la estructura celular es tan sumamente compleja, que por muchos años que pongamos, la probabilidad de que se conformase con éxito por mera casualidad es prácticamente nula.

Y llegamos a lo que va a ser una constante en toda nuestra reflexión: que ayudaría mucho admitir que la causa de todo lo ocurrido en la Naturaleza a lo largo de la evolución, hay que buscarla en el fin al que estaba destinada, es decir, la aparición del ser humano. Dicho de otro modo, que tanto la evolución del universo, como la formación de la primera célula y la evolución de las especies tienen un marcado carácter teleológico.

Jacques Monod, premio Nobel francés y activista a favor del ateísmo, cree que la probabilidad de que la vida haya surgido por azar es cero. Ante este hecho, y reacio a aceptar el carácter teleológico de la Naturaleza dada su ideología, acuña un término, la *"teleonomía"*, cuyo efecto es el mismo que el de la teleología, pero sin el carácter metafísico de esta última. El problema de su teoría es que cuenta con poco desarrollo teórico, ninguna evidencia empírica y escaso eco entre sus colegas; no obstante, lo cual, nos perece una referencia solvente y volveremos sobre ella.

En cualquier caso, hay dos hechos que son indudables: el primero, que al final del proceso se forma una estructura celular compleja; el segundo, que dicho proceso dura muchísimo tiempo. Lo que no sabemos es si esa estructura está dotada de vida, es decir, no sabemos si esa estructura que surge en alguna fumarola marina (o donde sea) posee en sí misma todas las funciones que determinan la esencia de la vida, o si, por el contrario, sólo se trata de una estructura capaz de albergarlas.

El origen de nuestra duda es triple. Por una parte, está el argumento ontológico que determina que lo inferior (la materia) no puede dar lugar a lo superior (la vida). Por otra, la evidencia empírica de que en laboratorio nunca se ha podido reproducir la vida ni hacer funcionar a una célula muerta (a pesar de los infinitos intentos de lograrlo). Finalmente, la evidencia histórica de que cada célula transmite a su descendencia la vida, y que no se conoce otro mecanismo capaz de producir o trasmitir vida.

Las hipótesis estrictamente *"científicas"* (entrecomillado porque estas hipótesis carecen de soporte empírico) sostienen que cuando en el interior de algún protobionte se albergan o se desarrollan los elementos necesarios para generar energía, formar tejido, relacionarse con el exterior, autorreplicarse y autorregularse, aquello comienza a funcionar de manera espontánea dando lugar a una *"forma de ser"* totalmente nueva; el ser vivo.

Puede haber sido así, pero esta teoría presenta la grave inconsistencia que acabamos de mencionar: que lo inferior no puede dar lugar a lo superior, es decir, que la materia no puede por sí misma dar lugar a la vida. En la Naturaleza nada puede ser origen de algo que está más alto en la escala ontológica, aunque sí puede degenerar en lo que está por debajo de ella. Cuando muere un ser vivo desciende en la escala ontológica porque pierde la vida, pero los muertos no pueden resucitar; no pueden ascender. Y este principio no es fruto de ningún tipo de razonamiento lógico, sino que está firmemente soportado en una base empírica incuestionable, pues jamás nadie ha hecho surgir algo de la nada, ni ha dotado de vida a un ser inanimado ni de conciencia a un animal irracional.

La alternativa a las teorías puramente científicas es que la estructura celular tuvo que recibir un *"principio vital"* para ponerse en funcionamiento, y que ese soplo de vida tuvo que venir de una realidad superior a todo lo conocido. Es posible que podamos entenderlo mejor con un símil. En un taller mecánico se ensamblan los componentes y se monta un coche listo para andar... pero no anda. Está inerte y todas sus piezas inmóviles. Es necesario que alguien accione el motor de arranque para que se ponga en funcionamiento.

Según esto, cada célula posee en sí misma un *"principio vital"* y la capacidad para trasmitirlo, y ello nos lleva a pensar que aquel ancestro común –LUCA– lo tuvo que haber recibido de fuera y lo transmitió a todas las células de todos los seres vivos que pueblan la Tierra.

Dentro del mundo que conocemos, la vida debe estar soportada en la materia, pero es una realidad muy superior a la materia. Una flauta es el soporte material para interpretar una Suite de

Bach, pero son el genio de Bach y el virtuosismo del flautista los que fascinan al espectador. En manos de un profano sólo hace ruido. La música se soporta en la flauta, pero es una realidad muy superior a la realidad material de la flauta. Por eso la flauta, por sí misma, no puede dar lugar a la música. La materia es sólo el soporte de la vida. Las culturas primitivas creen en ese *"principio vital"* al que nos estamos refiriendo, mientras que el judaísmo nos habla del *"soplo de Dios"*. Ambas nos aportan una explicación ontológica más coherente de la realidad vital que la que aportan las hipótesis científicas, y resulta asombroso ver que los pueblos primitivos se centran en lo sustancial, mientras que la ciencia sólo se ocupa de lo accidental.

En la Grecia clásica, ese principio vital recibe el nombre de *"alma"*. El término castellano alma proviene del latino *"ánima"*, que a su vez deriva del griego *"ánemos"*, que significa viento, soplo. Por otra parte, el término *"espíritu"* procede del latín *"spiritus"* y significa soplo, aliento, respiro –muy similar al término ánemos–, lo que nos indica que el alma, entendida como principio vital, está considerada de naturaleza espiritual. Por tanto, la vida se concibe como soplo, como aliento que anima lo inanimado. Un ser vivo está *animado*, y cuando el alma, el *ánima*, le abandona, se convierte en un ser *inanimado*. Ese hálito, soplo o principio vital se encuentra en todos los seres vivos y desaparece cuando el individuo muere. Es el alma de naturaleza espiritual lo que da *"Forma"* a todo ser vivo confiriéndole su esencia; la vida.

Para que algo exista hace falta un *"principio de su existencia"*. Para que ese algo viva, hace falta además un *"principio vital"*; un alma.

El misterio de la vida no está por tanto en saber cómo los elementos químicos se convirtieron en nucleótidos o aminoácidos, ni en cómo estos polimerizaron, ni en cómo llegaron a convertirse en estructuras celulares, sino en cómo ese *"principio vital"* se coló en la Tierra dando lugar a la vida... Antes no había vida; en aquel mundo inerte ni siquiera el concepto *"vida"* tenía algún significado; era imposible concebir una idea tan distinta a la única realidad existente que era la materia. Pero en un momento dado ésta aparece... ¿En base a qué? Desde luego no a la materia, porque la materia es un mero soporte de la vida biológica que no posee en sí ningún *"principio vital"*...

Este conjunto de reflexiones nos mueve a pensar, por una parte, que no pudo haber sido sólo el azar ciego el que gobernase el proceso abiogenético, y por otra, que la materia no ha podido dar por sí misma lugar a la vida.

No queremos terminar este punto sin hacer una consideración que puede resultar de algún interés. La vida de aquella primera bacteria se limitaba a la nutrición, la reproducción y poco más, lo que nada tiene que ver con las formas superiores de vida que hoy conocemos. Aquel evento crucial para nuestra propia existencia, no supuso singularidad alguna que pudiese ser percibida. En apariencia todo seguía igual, pero todo había cambiado. Es como una semilla *"insignificante"* que se siembra en el campo y al principio ni siquiera se ve, pero luego se convierte en un árbol majestuoso que se yergue sobre todo lo demás.

Aquella primera forma de vida *"insignificante"* tenía la potencialidad de crear nueva vida, y ésta, la de ir conformando seres más complejos en los que el concepto *"vida"* iba teniendo un significado cada vez más rotundo, más pleno. La vida, al principio vegetativa, se convirtió en sensitiva, aparecieron los sentidos, el aparato locomotor, el cerebro, los instintos... Luego se convirtió en intelectiva, y no sólo apareció la razón, sino la conciencia, la libertad, el amor...

Con dos partículas *"insignificantes"* se formó el cosmos, y con una bacteria *"insignificante"* se llenó nuestro planeta de vida. ¡Fascinante!

De la primera bacteria al "Género Homo"

Los mecanismos evolutivos esbozados anteriormente, justifican el proceso que va desde la primera bacteria –LUCA– hasta la aparición del género homo sobre la Tierra. Según propone la *"Ampliación de la hipótesis moderna"*, la microevolución, hasta nivel de especie, puede haberse producido a través de mecanismos conocidos, como las mutaciones genéticas y la selección natural basada en la variabilidad de caracteres, mientras que la macroevolución, o aparición de nuevas especies o nuevos taxones superiores, tuvo que haberlo hecho en base a mecanismos *más* complejos capaces de provocar una evolución saltacional tal como indica el registro fósil.

Cuando Darwin publica su libro sobre la evolución de las especies, sufre una campaña brutal de desprestigio por parte de los sectores más recalcitrantes de la sociedad, y la razón esgrimida es que contradice lo expresado literalmente en la Biblia. Pero pasado el primer impacto, la evolución es asumida por la mayoría de ciudadanos con independencia de sus creencias religiosas, y el resultado es que hoy son franca minoría los que ven contradicción entre esta teoría y la fe cristiana. Siempre habrá personas más reacias a aceptar las tesis evolucionistas, pero este hecho no pasa de ser anecdótico.

No obstante, desde ambientes cientifistas se intenta mantener vivo un conflicto que existió hace más de siglo y medio y que la mayoría de nosotros da por zanjado. En diversas publicaciones hemos leído referencias al profundo impacto que la teoría de la evolución sigue provocando en ambientes religiosos. Como ejemplo, se incluye a continuación una muestra:

«El impacto más importante de la teoría evolucionista se da a nivel de la historia del pensamiento moderno y la relación de éste con la sociedad. Este profundo impacto es debido a la naturaleza no teleológica de los mecanismos evolutivos: es decir, que la evolución no sigue un fin u objetivo. Las

estructuras y especies no "aparecen" por necesidad ni por designio divino, sino que, a partir de la variedad de formas existentes, sólo las mejor adaptadas son conservadas en el tiempo. Este mecanismo "ciego", independiente de un plan, de una voluntad divina o de una fuerza sobrenatural, etc.»
(canaldeciencias.com – paleontología – procesos evolutivos)

En torno al carácter teleológico de la evolución

Por el tono eminentemente asertivo de muchos artículos sobre esta materia, deducimos que el fin que persiguen no es el esclarecimiento de hechos ni el debate de ideas, sino la apología de una determinada concepción del mundo. Las propuestas no se razonan, se aseveran, y ése no es el estilo de la ciencia (o no debería serlo).

Negar por principio el carácter teleológico de un proceso que comienza con una bacteria solitaria, y termina con la aparición de seres conscientes de sí mismos sobre la Tierra, es como mínimo gratuito. Además, la génesis del ser humano no empieza en el momento en que aparece la vida, sino diez mil millones de años antes con el Big Bang, y hoy sabemos –porque lo dicen los científicos– que la más mínima variación en las Leyes Naturales hubiese provocado un mundo sin vida humana.

Debemos admitir que no hay argumentos empíricos suficientes para afirmar o rechazar el carácter teleológico de la evolución –al igual que no los había para afirmar o negar la existencia de realidades que escapan a nuestros sentidos–, pero volvemos a pensar que su negación es, quizás, la postura menos razonable... ¿Y por qué?

El artículo que acabamos de citar acierta sin duda cuando dice que son los *"mecanismos evolutivos"* los responsables de la diversidad de especies que pueblan la Tierra, pero no se pregunta por el origen de dichos mecanismos; y claro, sin este dato, no se justifican las afirmaciones que se ofrecen a continuación.

Sobre ellos sabemos que forman parte del conjunto de Leyes Naturales que rigen la marcha del mundo, y respecto a las Leyes Naturales, la ciencia nos dice que surgen en el mismo instante del Big Bang. Pero no nos dice nada más, es decir, no aporta respuesta científica alguna sobre la causa de su aparición. Para la ciencia, las Leyes Naturales –responsables últimas de todo cuanto ocurre en la Naturaleza– están ahí, y la única función del científico es descubrirlas y formularlas. Pero si se quiere llegar al fondo de las cosas, es preciso seguir planteándose preguntas y manejando todos los datos que conocemos para responderlas.

Y algunos datos tenemos. Por ejemplo, conocemos el efecto que las Leyes Naturales han producido, y resulta razonable pensar que han sido establecidas para producir ese efecto; es decir, para que el proceso evolutivo culmine en seres libres, inteligentes y conscientes.

Cuando se estudia la evolución, resulta muy difícil negar su carácter teleológico; y no sólo por el enorme cúmulo de casualidades que han tenido que darse hasta llegar a nosotros, sino también porque a lo largo del mismo se han producido hechos cruciales que resultan inexplicables de otro modo.

Nos referimos, por ejemplo, a los innumerables momentos en que un individuo comienza a desarrollar dentro de sí grupos de células diferenciadas que no tienen ninguna función; que no le suponen ventaja competitiva alguna en su carrera por la supervivencia; que le estorban, pero que años después acaban proporcionando a toda la especie una nueva funcionalidad que refuerza su pervivencia. Estamos hablando, por ejemplo, de los órganos de la visión, y la pregunta es: ¿Cómo puede la Naturaleza embarcarse un proceso totalmente ajeno a las leyes de la selección natural, y que en principio no tiene ningún sentido para ella? ¿Cómo sabe en qué va a desembocar?

En este caso –y en infinidad de ellos a lo largo del proceso evolutivo–, la única respuesta es el fin al que ese proceso está destinado; es decir, la única respuesta es la respuesta teleológica. Un proceso ciego no puede explicar este fenómeno, pero la explicación resulta inmediata si admitimos que en la esencia de la Naturaleza existe un germen que la dirige a un fin. Hemos visto que Jacques Monod introduce el concepto de *"teleonomía"* para soslayar el de teleología, pero aun en el caso de que este concepto tenga significado, formaría parte de ese germen que dirige la evolución, dándose la paradoja de que la tesis de Monod reforzaría los argumentos que aquí ofrecemos.

Y es que si superamos el dogma cientifista sobre la imposibilidad de que exista más realidad que las que captan nuestros sentidos o entiende la razón, todo el proceso resulta mucho más razonable. Hay un plan, la Naturaleza tiene impreso el objetivo final de dicho plan, y se cumple sin necesidad de violentar sus leyes, sino todo lo contrario; a través de ellas. Así las cosas, las Leyes Naturales constituirían el cauce a través del cual la Naturaleza se dirige a su destino; es decir, serían el germen; el principio activo del principio teleológico.

Los pitagóricos afirman que el mundo tiene esencia matemática. Galileo Galilei sostiene que las matemáticas son el lenguaje en el que Dios escribió el universo (y así se entiende que las leyes físicas se pueden plasmar en ecuaciones matemáticas). Albert Einstein manifiesta creer «*en el Dios de Spinoza, que es idéntico al orden matemático del universo*». Muchos científicos clásicos, y no pocos contemporáneos, nos invitan a pensar que las Leyes Naturales son el nexo de unión entre Dios y el mundo; las que propician la acción de Dios en el mundo material; en definitiva, el lenguaje de Dios para marcar el rumbo del mundo.

Son las Leyes Naturales las que regulan todos los fenómenos que deben ocurrir para que tenga lugar el proceso evolutivo tal como está diseñado; y ello sin hurtarle al azar el papel crucial que sin duda ha desempeñado. Un coche en medio de un lago helado tiene infinitas direcciones a las que dirigirse, pero si está en una carretera, sólo puede hacerlo dentro de los cauces que le permite la red de carreteras. Las Leyes Naturales son esa red.

Veamos un ejemplo que ilustra lo que estamos hablando. Como veremos más adelante, una de las hipótesis para explicar el aumento del tamaño del cerebro de los homínidos –y, en definitiva, de la aparición de seres inteligentes sobre la Tierra–, es la mutación del gen que regula su tamaño. Pero si este hecho se ha producido, ha sido por dos razones: la primera porque las Leyes Naturales permiten las mutaciones genéticas aleatorias, y la segunda, porque en un momento dado de la historia, el azar quiso que esa potencialidad se convirtiese en realidad.

Y esto explica dos cosas. Una, que el mundo haya evolucionado precisamente de la única forma que propiciaba nuestra presencia en él, y otra, la gran parsimonia con que se ha producido el proceso, pues no basta con que exista la posibilidad de que se produzca esa mutación, sino que, entre la infinidad de ellas que constantemente se producen, ocurra precisamente aquella que va en la buena dirección… y que prevalezca.

Ahora bien, no debemos olvidar que este mecanismo explica razonablemente bien el proceso evolutivo en su conjunto, pero sigue sin explicar los tres puntos singulares en los que surge una nueva forma de ser radicalmente superior a las anteriores; los tres saltos ontológicos: cosmogénesis, biogénesis y noogénesis.

Capítulo 7
Noogénesis

Llamamos noogénesis (término acuñado por el antropólogo y filósofo francés Pierre Teilhard de Chardin) a aquella etapa del proceso evolutivo que se inicia en una población de primates hace dos millones de años, y culmina con la aparición del ser humano tal como hoy lo conocemos. En su transcurso, unos primates cuya genética les forzaba a depender de sus instintos para sobrevivir, adquieren la capacidad de pensar y decidir su conducta, y transforman un mundo de individuos egoístas donde los conceptos de bien y de mal carecen de sentido, en un mundo habitado por seres altruistas capaces de amar y compadecer, capaces del arte y capaces de Dios.

Tanto en el caso de la cosmogénesis como el de la biogénesis, el salto ontológico producido era tan claro desde un punto de vista conceptual, que no ha sido necesario pararse a definirlo, pero en el caso de la noogénesis el salto es tan complejo y afecta a tal número de variables, que nos vemos obligados a empezar por el final, es decir, a empezar definiendo el resultado para hacernos una idea cabal de la magnitud del cambio producido.

Capítulo 8
Las facultades humanas

Hagamos un primer resumen para centrarnos después en cada uno de los rasgos que nos diferencian de los animales superiores. El primer rasgo diferencial es nuestra facultad de pensar y de expresar nuestras ideas a través del lenguaje. Esta facultad nos permite desarrollar conceptos a partir de las impresiones que nos proporcionan los sentidos, combinar los conceptos para desarrollar razonamientos, e incluso, crear pensamiento abstracto sin base objetiva alguna. Nos permite, así mismo, componer una imagen del mundo que nos rodea y descubrir las pautas que lo gobiernan. También nos da la posibilidad de preguntarnos por nuestra esencia, por nuestra procedencia y destino, e incluso imaginar un mundo que trasciende nuestros sentidos para dar respuesta a los interrogantes que escapan a nuestra razón.

Nuestro segundo rasgo identitario es nuestra capacidad de tomar conciencia de nosotros mismos, es decir, de percatarnos de que existimos, de ser conscientes de nuestra identidad personal, de saber que estamos vivos y que vamos a morir. Pero no sólo tenemos conciencia de nosotros mismos, sino que somos conscientes de lo que es bueno y lo que es malo, es decir, somos capaces de discernir entre el bien y el mal, lo que implica que no sólo somos un animal racional, sino también un animal moral. Este último rasgo está relacionado con nuestra capacidad de optar en cada momento entre lo que nos piden nuestros instintos y lo que nos marca la razón. A esta facultad la llamamos libertad y decimos que el hombre es libre para obrar.

El tercero es de carácter espiritual y tiene una doble vertiente. Por una parte, somos capaces de crear arte, es decir, expresar nuestras ideas, valores, sentimientos y emociones a través de la literatura, la música o la pintura, y somos capaces de disfrutar del arte que otros han creado. Por otra parte, somos capaces de Dios y canalizamos nuestra ansia de Dios a través de la religión. Buscamos en la religión una interpretación al sentido de la vida, una motivación para vencer sus reveses y unos valores propios y exclusivos de los seres humanos.

Pero lo que mejor define la esencia de lo humano es la humanidad, es decir, la facultad de amar, de sentir cariño por la gente, de compadecernos de quienes lo pasan mal, de solidarizarnos con ellos, de no permanecer indiferentes e inactivos ante la desgracia ajena... Blaise Pascal dice que es nuestro corazón, y no nuestro cerebro, lo que mejor nos distingue de los animales: «*El corazón tiene razones que la razón no entiende*». Por ello, podemos afirmar que personas como Teresa de Calcuta han mostrado la esencia de lo humano mejor que todos los filósofos de la historia.

Profundicemos un poco más en cada uno de estas facultades.

La inteligencia

El diccionario define la inteligencia como: «*La facultad de la mente que permite aprender, entender, razonar, tomar decisiones y formarse una idea determinada de la realidad*». La inteligencia se puede concebir como suma de entendimiento y razón. El entendimiento permite tomar contacto con el mundo exterior captando el concepto o sustancia inherente a cada objeto. La razón nos permite relacionar los conceptos, cuestionarlos, obtener conclusiones, formar juicios y deducir o inducir otros distintos a los que ya conocía.

La inteligencia de los seres humanos depende tanto del tamaño y complejidad de su cerebro, que corremos el riesgo de considerar la inteligencia fruto de la evolución biológica: crece el cerebro, surge la inteligencia, y ésta va aumentando a la par que se desarrollan el córtex y el neocórtex. Y puede haber ocurrido así, pero debemos ser conscientes de que estas teorías parten de una premisa muy cuestionable; que el desarrollo del cerebro implica la aparición de la inteligencia y el resto de facultades humanas, y esto es algo que está por demostrar.

Como veremos más adelante, en realidad puede haber sucedido justo al revés, es decir, que primero haya sido la inteligencia, y que su aparición y desarrollo hayan sido la causa del incremento del tamaño y complejidad del cerebro. Soportamos esta hipótesis en que el pensamiento es una realidad ontológica por encima de la materia que conforma el cerebro, y sabemos que lo inferior no puede dar lugar a lo superior.

Por otra parte, neurocientíficos del máximo prestigio, como es el caso de Rafael Yuste, admiten sin ambages su ignorancia sobre el funcionamiento del cerebro, lo que es incompatible con cualquier aseveración sobre la aparición de la inteligencia, o sobre la forma de interactuación entre las neuronas y el pensamiento.

Pero hay más, porque Rafael Yuste y el resto de fisiologistas, conciben el cerebro como nuestra más alta instancia, fundamento de nuestra personalidad, inteligencia, sentimientos, emociones y valores. Pero hay otra forma de concebirlo, y es como simple herramienta. En concreto, la *"psicología cognitiva"* (de la que más adelante nos ocuparemos) lo concibe como un procesador de información que permite organizar nuestros procesos mentales, al igual que el estómago es una herramienta para digerir los alimentos y el corazón otra para impulsar la sangre. Es evidente que en este último caso el cerebro no puede ser el origen de nuestra inteligencia; que ese origen hay que buscarlo en instancias mucho más íntimas a nosotros mismos.

La conciencia de sí mismo.

Una de las facultades esenciales del ser humano es la conciencia de sí mismo, y la mejor definición de conciencia que hemos encontrado dice así: «*Acto psíquico por el que un individuo se reconoce a sí mismo en el mundo*».

Podríamos pensar que el hecho de poseer esta conciencia implica el conocimiento de *"quiénes somos"*, pero no es así. No lo sabemos; es más, nunca lo sabremos desde la razón, aunque eso no quita para que cada uno de nosotros tenga una concepción determinada de sí mismo. Unas veces, esa concepción está basada en la fe, otras en planteamientos metafísicos propios de gente iniciada, y otras en postulados culturales de moda. Para Heidegger somos seres arrojados sin referencias a este mundo que caminan hacia la nada. Para los cristianos somos nada menos que hijos de Dios destinados a encontrarnos con Él tras la muerte.

El problema de nuestra identidad personal es un tema tan importante y complejo que merece un amplio apartado independiente, por lo que nos van a permitir remitirnos al último capítulo de este trabajo para completar el razonamiento.

La conciencia moral

Ni antes de nosotros ni alrededor de nosotros existen individuos cuya conducta no sea instintiva y su instinto no esté programado para la estricta supervivencia. A los depredadores su instinto los lleva a matar, y a sus presas a huir de la muerte. Y no hay más. Los conceptos de bien y de mal carecen de sentido en el mundo animal. El ser humano tiene un código instintivo muy inferior al de los animales y un margen de libertad mucho mayor. Su necesidad de optar es permanente, y de sus decisiones se derivan consecuencias importantes para su futuro individual y colectivo. Se siente responsable de sus actos, y esa responsabilidad le lleva a plantearse la pregunta: *«¿Qué es correcto, y qué perjudicial?»* Ante ella se pueden adoptar al menos cuatro posturas básicas que indicamos a continuación.

La primera consiste en afirmar que las acciones humanas son simplemente libres y que no requieren justificación; que la opción por lo atrayente y satisfactorio es tan correcta como cualquier otra. La segunda propone usar la razón para ordenar nuestros actos en base a códigos éticos enfocados a un objetivo a lograr; por ejemplo, el bien común. La tercera afirma que el ser humano tiene un código ético innato que puede conocer mirando en su interior. La cuarta propugna una ley de Dios revelada al hombre para librarle de la esclavitud del pecado; aunque algunos añaden que con ella se le juzgará en el momento de la muerte.

Vamos a detenernos brevemente en cada una de ellas.

La primera niega la existencia de una ley moral universal inherente al ser humano, pero va más allá al negar la existencia de los propios conceptos de bien y de mal. El estado debe legislar para proteger los derechos de todos, pero estas leyes obedecen a criterios prácticos y no morales.

El problema de esta opción es que la mayoría de ciudadanos da por supuesta la existencia de acciones intrínsecamente buenas o malas, y cree también que nuestra conciencia es la encargada de dar cuenta de la bondad o maldad de nuestros actos. Como afirma Kant: *«No podemos probar lo que dice la conciencia, pero sabemos lo que dice».*

Para responder a esa objeción, los partidarios de esta primera postura afirman que los principios éticos comenzaron siendo conciertos humanos para organizar las sociedades primitivas, y que con el paso del tiempo se fueron incorporando a la cultura e impregnando la conciencia de sus individuos. Por tanto, la conciencia del bien y del mal es fruto de la cultura que generación tras generación nos ha ido empapando desde la cuna y que hoy se encuentra tan arraigada en nosotros que nos parece innata. Esto significaría que los conceptos de bien y de mal son meros prejuicios consolidados con el transcurso del tiempo; que no son inherentes a la condición humana, sino inherentes a su cultura.

Pero esta interpretación adolece de una seria inconsistencia, y es que en el mundo encontramos culturas muy diferentes, pero los principios éticos que formulan las grandes religiones o los grandes sistemas filosóficos son prácticamente los mismos en todas ellas. Este hecho apunta a la universalidad de la ley moral, y si es así, no se puede tratar de una construcción humana, sino de algo propio de nuestra condición que no necesita ser promulgado para que todos lo conozcamos.

La segunda postura —que presenta puntos en común con la primera, pues no admite la existencia de una ley moral universal— se distingue por afirmar que nuestra conducta debe estar sometida a códigos éticos basados en la razón. Desde la razón establecemos las conductas que propician los fines que perseguimos —el bien común, la convivencia, la felicidad...— y con ellas elaboramos un código ético ajustado a estos objetivos (por ejemplo, la declaración universal de los derechos humanos). Desde esta óptica se puede defender que los códigos éticos deben estar sometidos al consenso de los ciudadanos, y uno de los principales impulsores de esta idea es Jürgen Habermas, de la escuela de Frankfort, quien dice que, si las normas morales afectan a todos, deben contar con el consentimiento de todos.

Filósofos como David Hume o Ludwig Feuerbach proponen éticas sin teología ni innatismo que son razonables y tienen la capacidad de dar buenos frutos (que es lo que en definitiva debe perseguir un código ético), pero la fórmula de Habermas suena a ocurrencia. Matar o robar es malo, aunque lo consensúen todos y cada uno de los habitantes del planeta. Y me dirán que no es posible llegar a ese tipo de consensos tan aberrantes –y que no se llegaría–, pero es el propio concepto el que chirría. Por supuesto, no estamos hablando de los códigos civil o penal vigentes en una sociedad –que son otra cosa–, sino de códigos éticos de conducta.

La tercera postura propugna la existencia de una ley moral universal innata e impresa en nuestro interior. Esta postura ha sido abrazada a lo largo de la historia por la mayoría de filósofos hasta bien entrado el siglo diecinueve, pero, a fin de simplificar las cosas, nos vamos a limitar a los dos que convirtieron la moral en el centro de su filosofía.

El primero es Sócrates, quien renuncia a cualquier planteamiento metafísico para centrase en el comportamiento ético de las personas individuales. Sócrates afirma que *«hay unas reglas básicas y eternas para lo que es bueno y lo que es malo, y a través de la razón podemos llegar a conocerlas»*. Sostiene que quien conoce lo que es correcto, hará lo correcto, porque la virtud es conocimiento y el vicio ignorancia. Añade que actuamos en todo momento con la convicción de que nuestra conducta es la mejor para nosotros, lo que significa que obramos el mal por su apariencia de bien; pensamos que algo nos conviene, nos equivocamos, y acabamos haciendo el mal a otros y a nosotros mismos.

El segundo es Inmanuel Kant, quien afirma que existe una ley moral universal tan inexorable como las leyes físicas; una ley que manda en nosotros de manera absoluta y que todos podemos conocer mirando a nuestro interior. Para justificar esta tesis debe recurrir a los «*postulados de la razón práctica*», referidos a Dios, el alma inmortal y la libertad. Para que exista el acto moral debe existir la libertad de obrar de una u otra forma, y para que la ley moral mande en nosotros de manera absoluta debe emanar de un Ser absoluto que le dé vigor. El razonamiento para el alma inmortal es un poco más complejo y lo vamos a omitir.

La cuarta y última postura presupone, además de la ley moral, una Ley de Dios que la abarca y la trasciende. El pueblo judío no considera la Ley de Dios como una imposición gratuita, sino como su mejor regalo, porque les señala el camino para vivir la vida con sentido y libres de la esclavitud del pecado.

Los primeros códigos de conducta conocidos –como el de Hammurabi o la ley Mosaica– están basados en la ley natural, y eso se refleja en la universalidad de los preceptos en ellos recogidos. Pero en la antigüedad, los legisladores ponían siempre la Ley en boca Dios, y probablemente lo hacían por dos razones distintas. La primera, porque así la dotaban de más vigor, y la segunda, porque de hecho estaban expresando la convicción íntima de que en el fondo procedían de Él.

El relato de Moisés en lo alto del Sinaí recibiendo la Ley es un excelente ejemplo de esta mentalidad. Sólo Dios, el Señor de cuya mano ha salido todo cuanto existe, tiene la autoridad necesaria para promulgarla; para establecer lo que es bueno y lo que es malo. La importancia de la Ley de Dios para el pueblo judío se expresa en la solemnidad del magnífico relato que podemos encontrar en Éxodo 19,16.

La libertad

En el caso de la libertad nos vamos a olvidar de definiciones académicas y nos vamos a quedar con la definición de Descartes:

«La libertad refleja el sometimiento de las pasiones irracionales a la voluntad del sujeto».

Reflexión psicológica

Hasta donde nosotros sabemos, un animal no posee ningún grado de libertad; es esclavo de sus instintos, pues su propia supervivencia depende de no apartarse de su dictado. En cambio, decimos que el ser humano tiene la capacidad de elegir entre lo que establece su razón como más adecuado, y lo que le marcan sus instintos. Las corrientes filosóficas tradicionales han visto siempre en las *"pasiones"* –que nos esclavizan reduciéndonos a la condición de seres *"pasivos"*–, la principal causa de infelicidad, y en la capacidad de controlarlos la clave para alcanzarla.

¿Pero hasta qué punto somos libres? La moral tradicional asigna méritos y culpas en base a nuestra presunta libertad para obrar, pero debemos admitir que nuestra libertad es limitada, y el grado de libertad de cada uno depende básicamente de dos factores. Por una parte, de su capacidad para discernir entre lo conveniente y lo apetecible, y por otra, de su voluntad para vencer el instinto natural y optar por lo que marca la razón.

Esto significa que no todos gozamos de la misma libertad. Hay personas a las que no les cuesta reconocer la conducta más adecuada en cada momento, y personas incapaces de hacerlo. También hay personas que tienen una voluntad *"de hierro"* y son capaces de hacer prevalecer los dictados de su razón sobre sus apetitos, y las hay que *"no tienen voluntad"* y son presa fácil de ellos. Unos gozan de un alto grado de libertad, y los otros de muy poca.

No cabe duda de que existen factores que condicionan nuestra conducta y coartan nuestra libertad, pero en ningún caso podemos defender que nuestros actos estén determinados. Entre estos factores condicionantes, quizá se puedan destacar la genética, la educación recibida y el ambiente en que hayamos vivido. Tampoco se puede olvidar el bombardeo constante de eslóganes políticos y comerciales al que nos someten los medios, pues a la larga influyen en nuestra conducta.

Nuestra herencia genética nos empuja a una conducta eminentemente instintiva. Nuestro ADN coincide en gran medida con el del chimpancé, y nuestra conducta tendería a parecerse a la de éste si no poseyésemos otros mecanismos de defensa intelectuales y morales. No obstante, lo que en los animales no pasa de ser un instinto que vela por su supervivencia, en nosotros se convierte en pasión que nos esclaviza y provoca daño (esto no quiere decir que todos los instintos sean malos, pues también hemos heredado instintos buenos como el instinto maternal).

Esta herencia instintiva puede quedar reforzada o contrarrestada por el ambiente y la educación, pues ambas influyen de forma notable en la conducta. Un fisiologista nos dirá que son los genes los que en mayor medida determinan nuestra conducta, mientras que un conductista nos dirá lo contrario. Respecto a la capacidad de los medios para influir en nuestros hábitos, no parece necesario incidir en ella por resultar evidente.

Pero insistimos en que la existencia de estos factores no implica que nuestros actos estén determinados, aunque pueden llegar a estar seriamente condicionados. Una persona adicta a las drogas tiene pocos grados de libertad para dejar su adicción, y lo mismo ocurre con un soberbio o un lujurioso, pero hasta cierto punto pueden actuar sobre su conducta y hay buenos ejemplos de ello.

Un breve inciso. Estamos habituados a escuchar que somos libres, sin más, y es posible que los párrafos anteriores reflejen una visión pobre de nuestra libertad. Es posible, incluso, que de ellos se desprenda la inutilidad de cualquier esfuerzo de perfección por lo incierto del resultado. Pero no es ésa nuestra intención. Lo único que tratamos de expresar es que nuestra libertad es limitada; que no es riguroso afirmar que somos libres, sino que cada uno goza de un determinado grado de libertad, y que, en base a él, puede intentar mejorar su vida. Hay muchos motivos para esforzarse en mejorar: motivos religiosos, éticos o simplemente prácticos, pues tenemos una sola vida que vivir y es muy fácil estropearla si no se hace ningún esfuerzo de perfección.

Y es cierto que con el mismo esfuerzo unos alcanzan mejores resultados que otros, pero eso es secundario. No tiene lógica vivir angustiados por no alcanzar el grado de perfección deseado, y tampoco vivir abandonados a nuestras pasiones, sino actuar siendo conscientes de lo que somos y de lo que cada uno puede esperar de sí mismo. Cerramos el inciso.

Hemos mencionado varios factores que condicionan nuestra conducta, pero hay uno que merece un tratamiento aparte; nuestra capacidad de error. Como afirma Sócrates, cuando optamos por el mal lo hacemos siempre por su apariencia de bien. El suicida piensa que así se va a liberar de los agobios de esta vida; el terrorista, que está sirviendo a una causa justa; el vengativo, que así se sentirá mejor, y el que se emborracha, por la agradable sensación de beber y el estado de euforia que sigue a la borrachera. Muchas veces, en el fondo de estas conductas no subyace la maldad, ni la voluntad de ofender, ni la debilidad… sino el error.

Planteamiento teológico

Lo que en lenguaje religioso llamamos *"pecado"* es la expresión más genuina de nuestra falta de libertad, y esta idea se refleja perfectamente en una de las cartas de Pablo a los romanos:

> *«Realmente, mi proceder no lo entiendo; pues no hago lo que quiero, sino que hago lo que aborrezco. Y si hago lo que no quiero, en realidad ya no soy yo quien obra, sino el pecado que habita en mí».*

La falta de libertad que Pablo refleja en su carta es un hecho evidente que todos experimentamos en nuestro interior. Además, esa falta de libertad a la que Pablo se refiere, no es achacable a la dificultad para discernir lo que realmente nos conviene, sino a la simple debilidad; a esa propensión a seguir el dictado de nuestras pasiones que nos impide actuar libremente. «*Me esclaviza la ley del pecado*», dice Pablo en esa misma carta.

Es habitual hablar del pecado cometido, pero rara vez del pecado padecido. Nuestra condición humana se ve atraída por lo que no le conviene y es propensa a engañarse acerca del bien y el mal. Y es que, por otra parte, al ser humano le apetece lo que no merece la pena; le fascina lo que le perjudica, y por eso, su condición de pecador significa, en primer lugar, que no sabe distinguir y se siente atraído por cosas que le parecen buenas, pero que acaban estropeando su vida (el pecado como error). En segundo lugar, significa que el mal es en ocasiones más fuerte que nosotros (el pecado como debilidad).

La capacidad de belleza. El arte

Desde esa primera bacteria que recibió el soplo de la vida hace tres mil quinientos millones de años, la Tierra ha estado proporcionando todos los recursos necesarios para que aquella vida insignificante pudiese extenderse y desarrollarse hasta llegar a nosotros. Pero lo fascinante es que el ser humano no sólo encontró a su llegada un hábitat que le permitía sobrevivir, sino un universo henchido de belleza capaz de solazar sus sentidos y conmover su espíritu; un paraíso que parecía diseñado para su disfrute.

Planteamiento lógico

Las fotos de la Tierra desde el espacio son reveladoras. Entre una infinidad de planetas opacos y amorfos aparece el nuestro, azul y luminoso, totalmente distinto a todo cuanto le rodea. Y si bajamos a la superficie nos encontramos con mucha más belleza, y además, con vida. La inmensidad del firmamento estrellado, el intenso azul del mar, las montañas nevadas en el horizonte, el colorido de los bosques en otoño, el sonido rumoroso de una regata que se desliza entre hojas caídas, el sosiego que trasmite un atardecer de verano...

La teoría de la evolución de las especies explica por qué sus individuos son cada vez más fuertes, más rápidos, con mejores reflejos, e incluso más inteligentes, pero no explica el papel de tanta belleza en el mundo. Podríamos sobrevivir en un mundo feo y tenebroso como el que imaginó J.R.R. Tolkien para albergar a los Orcos, pero vivimos en un mundo que parece concebido para recrear nuestros sentidos; un mundo dotado de tal armonía, que ningún genio ha sido capaz de plasmar.

Y esto es algo asombroso, porque el único objeto de la belleza es provocar fascinación y no tiene sentido si no hay un sujeto capaz de apreciarla. En realidad, resulta vana y superflua; casi diríamos que fuera de lugar; sencillamente sobra. Pero en este universo primoroso nada sobra y nada es vano ni superfluo, sino que todo es necesario para mantener su armonía. Por eso, cuando la Tierra se va formando y van apareciendo los colores, los sonidos, las fragancias, las texturas, parece que la Naturaleza estuviese sobre aviso; que supiese que al final del proceso iba a haber sobre ella unos seres capaces de complacerse en ellos; de disfrutar de ellos... Un caso más de anticipación del futuro con el que nos encontramos en tantas ocasiones a lo largo de la evolución; y éste, colosal.

Este hecho nos invita una vez más a apelar a la teleología para poder explicarlo: O el proceso evolutivo está diseñado conociendo el destino final, o no se entiende nada.

Pero ¿en qué consiste la belleza? ¿Por qué una cosa nos parece bella y nos evoca las mejores sensaciones y sentimientos, y otras no? ¿Cuál es la función de las cosas bellas? En todo momento estamos percibiendo infinidad de imágenes, y de pronto, una nos produce una emoción intensa. Lo mismo ocurre con los sonidos. Entre las mil secuencias de sonido que escuchamos constantemente, una nos hace estremecer y sentir algo sublime, indescriptible. ¿Por qué? Ambas nos transportan a una dimensión superior, y lo mismo nos puede ocurrir con la lectura.

Desde el ámbito filosófico, Platón responde a este dilema con la teoría de la reminiscencia. Dice que conocer es recordar lo ya conocido. Cuando nos encontramos con la belleza, la verdad o la bondad, no nos enfrentamos a algo nuevo, sino a algo a lo que nuestra alma tuvo acceso en el mundo de las Ideas antes de encarnarse. Y esta teoría, emitida desde el ámbito filosófico, nos explica por qué existe la belleza, por qué somos sensibles a ella, y por qué los cánones de belleza son universales.

Desde la ciencia nos hablan de la acción de los neurotransmisores en nuestro cerebro, pero esta explicación se nos antoja poco rigurosa. Una emoción se compone de la causa que la provoca y la respuesta que se produce como consecuencia de ella, y la acción somática no puede la ser causa, sino respuesta. ¿Por qué, si no, una determinada imagen o una determinada secuencia de sonidos desencadena un efecto intenso en nosotros, y otras no? ¿Por qué es precisamente esa misma imagen o esa secuencia la que también provoca un efecto casi idéntico en otras personas que viven al otro extremo del mundo?...

Cuando se trata de facultades humanas, las respuestas que nos proporciona la ciencia son incompletas y generalmente muy poco rigurosas. Toman de la realidad las variables que refuerzan su teoría (se segregan neurotransmisores), pero ignoran las variables más importantes cuando éstas juegan en su contra (Johann Sebastian

Bach nos produce escalofríos, pero la música de un autor mediocre nos aburre). Y una vez más, sólo si se concibe al hombre desde ópticas más amplias que el reduccionismo cientifista se llega a respuestas razonables.

Pero eso no es todo, porque el ser humano no sólo tiene la capacidad de emocionarse con la belleza, sino que es capaz de crear belleza a través del arte. Los románticos sienten devoción por los artistas porque su capacidad de crear les hace similares a los dioses, y es que resulta verdaderamente asombroso que a través del arte un individuo sea capaz de transmitir sentimientos.

Las personas corrientes tenemos la capacidad de transmitir nuestras ideas por medio del lenguaje –unas más que otras–, pero los artistas son también capaces de transmitir sentimientos y emociones. ¿Pero en qué consiste la genialidad?... Hoy se queda muy bien afirmando que todo es obra de nuestro cerebro, pero la respuesta es mucho más profunda y la veremos a continuación.

Planteamiento teológico

La belleza es algo innecesario si la miramos desde Darwin, pero imprescindible mirada desde la perspectiva de un padre que está preparando la morada de sus hijos. El cronista del Génesis habla de *"Paraíso Terrenal"* para referirse a la primera morada del hombre, y nos podemos imaginar la inmensa belleza de aquella Naturaleza virgen.

El primer capítulo del Génesis muestra a Dios creando esta morada, y tras cada cosa que hace, el cronista apostilla: «*Y vio que era bueno*». El cronista nos muestra a Dios preocupado por hacer su obra de la mejor forma posible, y por eso el mundo es bello; de ahí le viene al mundo la belleza. Además, crea al hombre insuflándole su espíritu, y ese espíritu es el que le permite no sólo apreciarla, sino también crearla. Nos preguntábamos de dónde le viene al genio su genialidad, y desde la fe se puede intuir que se trata de una facultad con la que Dios distingue a algunas personas en beneficio de toda la humanidad; muy en la línea de la parábola evangélica de los talentos (que no son para quedárselos, sino para que den fruto).

La experiencia de la vida nos dice que hay conceptos como belleza, felicidad o amor que no pueden ser comprendidos desde la razón; que se nos escapan de entre los dedos. Los identificamos cuando los sentimos, pero somos incapaces de definirlos o comprenderlos; y mucho menos de aprehenderlos. Es como si se tratase de una realidad superior a nosotros para la que todavía no estamos preparados; como un adelanto de las facultades del hombre libre de sus limitaciones; como un paisaje entre nubes que sólo vemos parcialmente. Tratamos de intuir el resto, pero se nos resiste, y cuando estamos disfrutando de lo que vislumbramos, cuando esperamos que se abra el cielo para verlo en su conjunto, se cierra todavía más y lo perdemos.

La capacidad de Dios

Se tiene noticia de prácticas religiosas desde los albores de los tiempos, aunque no es hasta el año 3000 a.C. cuando comienzan a tomar forma las primeras religiones tal y como hoy las conocemos.

Los pueblos primitivos, abrumados por el cúmulo de fenómenos naturales cuyo origen desconocen, *"inventan"* a los dioses. Y en este sentido –el sentido histórico– no cabe duda de que *"la ignorancia inventó a los dioses"*. Pero la ignorancia no es causa suficiente para inventarlos, pues para llegar a la idea de Dios se necesita, además, que nuestra mente tenga la capacidad de intuir una realidad tan radicalmente distinta y fuera de nuestro alcance;

una capacidad sólo reservada al ser humano y que aquí hemos denominado *"capacidad de Dios".*

Pero es posible incluso que no sólo tengamos la capacidad de intuir a Dios, sino que podamos llegar a la experiencia inmediata de Dios. Los místicos así lo afirman, y algunos –como santa Teresa o san Juan de la Cruz– han tratado de expresar su vivencia a través del lenguaje poético que nos ha dejado muestras inestimables de su experiencia.

Desde doctrinas y actitudes que giran en torno al empirismo –y más, desde el positivismo cientifista– se rechaza la idea de Dios porque no existe ninguna impresión a partir de la cual podamos afirmarla. Pero hay dos hechos innegables; que la idea de Dios existe, y que no se deriva de ninguna impresión. Y entonces, siendo rigurosos en el razonamiento, el argumento se invierte, porque ¿cómo ha podido forjar nuestra mente finita la idea de un Dios infinito sin partir de ninguna impresión que la sugiera?

Para responder a este interrogante, se argumenta que la mente humana puede tomar ideas simples y combinarlas inadecuadamente para elaborar conceptos falsos –como, por ejemplo, un unicornio–, y esto es sin duda cierto en un mundo sensible en el que tanto la idea de caballo como la idea de cuerno están impresas en nuestro cerebro, pero pretender que este mecanismo nos permita dar el salto del plano finito al infinito no tiene demasiada base lógica ni demasiado rigor.

Podríamos decir que el ser humano es *"capaz de Dios"*, y esta capacidad se justifica mejor admitiendo su existencia que presentándola como una construcción de nuestra mente. Si el ser humano está animado por el soplo del Dios, como dice el Génesis, su intuición de Dios es inmediata porque su espíritu está dentro de él. Si el ser humano forma parte de Dios, como se afirma en el panteísmo de Spinoza, ya no se trata de una intuición, sino de una vivencia. En cualquier caso, la intuición de Dios debe tener una causa no intelectual, pues el ordenador que soporta nuestra mente –como cualquier otro ordenador– no es capaz de hacer, ni remotamente, ese tipo de inferencias por sí sólo.

La humanidad, es decir, el amor

La inteligencia, la conciencia de uno mismo, el sentido ético, la libertad, la capacidad para el arte y la capacidad de Dios, son atributos netamente humanos, pero la auténtica cualidad de lo humano es *"la humanidad"*. El término humanidad puede aplicarse al conjunto de personas que conforman el género humano, pero aquí lo vamos a referir a nuestra capacidad de afecto, compasión, comprensión y fraternidad hacia los demás; a nuestra inclinación a alegrarnos con sus alegrías y compadecernos con sus desgracias; a nuestra disposición a actuar en favor de quien nos necesita; a preferir dar que recibir...

A este tipo de relación –quintaesencia de lo humano– lo llamamos amor. Se da plenamente y de forma natural en el seno de la familia, y hace que lo obligatorio sea siempre mucho menos que lo que se desea hacer por los otros. Si fuésemos capaces de hacer trascender esta actitud más allá del entorno familiar; de extenderla, aunque sólo fuese a nuestros vecinos más cercanos, lograríamos un mundo más humano, lo que nos lleva a afirmar que humanidad y amor son conceptos sinónimos.

Reflexión psicológica

Un enfoque importante para comprender la esencia del amor es el psicológico, y aquí vamos a apoyarnos en unas reflexiones de Erich Fromm para fijar nuestra postura al respecto. Erich Fromm, psicoanalista alemán, describe de forma magistral las distintas formas de amor en su libro *"El arte de amar"*, y vamos a detenernos en él porque merece la pena conocerlo.

Fromm afirma que cualquier teoría del amor debe comenzar con una teoría del hombre, y añade una buena definición de ser humano: «*El hombre es vida consciente de sí misma liberada de los instintos*». La expresión *"liberada de sus instintos"* se refiere probablemente a la condición humana ideal, a su grado máximo de evolución, pero en todo caso el sentido general de la frase sigue siendo excelente.

Afirma que el ser humano primitivo se sentía uno con la Naturaleza y que eso colmaba su vida. Añade que según se fue liberando de este vínculo, fue en aumento la angustia que le producía su soledad. Concluye que este hombre desarraigado del medio está totalmente solo, salvo en la medida en que ayuda al otro; que se volvería loco si no pudiera librarse de su prisión al unirse a los demás hombres.

El hombre actual –continúa Fromm– se refugia en el rebaño para superar la angustia que siente, pero sus relaciones con los demás son tan superficiales que no le libran de ella. Tampoco le libra sumergirse en el trabajo o abrazarse a un ocio cada vez más artificioso, porque el trabajo es rutinario y poco creativo, y el ocio también se ha convertido en rutina y compulsión.

La solución plena está en la unión interpersonal; en la fusión con otra persona en el amor. El deseo de fusión interpersonal es el más poderoso que actúa en el hombre, pero sólo el amor maduro capacita para superar la soledad. Para saber si un amor es maduro, basta ver si la unión preserva la propia identidad y la de la persona amada... o si no la preserva. La envidia, los celos, o cualquier tipo de avidez, son fruto de una pulsión que arrebata al hombre la libertad y le convierte en un sujeto pasivo a merced de ellas. El amor es acción, es la práctica de un poder humano que sólo puede ser fruto de la libertad.

Por eso, amar es fundamentalmente dar, no recibir. Dar sin recibir a cambio puede considerarse como empobrecimiento, o como virtud en el sentido de sacrificio, pero quizás su sentido más genuino sea expresión de potencia, de poder, de fuerza, de riqueza... La esfera más importante del dar es el dar de sí mismo, y cuando se da así, no se puede dejar de recibir, y por eso, dar significa hacer de la otra persona un dador, y compartir ambos la alegría de lo que han creado.

El amor –continúa– se caracteriza por cuatro actitudes complementarias. El amor es *"preocupación activa"* por la vida y el desarrollo personal de quien amamos, lo que implica que amor y trabajo sean sinónimos. Es también *"responsabilidad"*, pues se debe estar dispuesto a responder siempre a las exigencias de la unión con el otro. Es *"respeto activo"* para que la otra persona crezca y se desarrolle por sí misma tal como es. Finalmente, es *"conocimiento profundo"* de la otra persona, pues sólo así se podrán cumplir los tres requisitos anteriores.

El problema de conocer al otro es similar al de conocer a Dios. Tratamos de conocerle a base de asertos; con el entendimiento. En el misticismo se reemplaza el pensamiento por la experiencia de la unión con Dios, y ahí se produce el verdadero conocimiento y la plenitud. Lo mismo ocurre con el amor. Según afirma Fromm, la consecuencia lógica de la teología es el misticismo, y la consecuencia lógica de la psicología es el amor.

Pero hay muchos tipos de amor –dice Fromm–. La empatía es la capacidad para ponerse en el lugar del otro y saber qué siente e, incluso, qué puede estar pensando. El amor de una madre es incondicional; el niño no tiene que hacer nada para obtenerlo. El amor del padre hay que ganarlo y puede perderse. La relación entre la madre y el niño es de desigualdad, en la que uno necesita toda la ayuda y la otra la proporciona. Este altruismo es considerado como la forma más elevada de amor y el más sagrado de todos los vínculos emocionales, pero la madre recibe más que el niño porque se trasciende en el niño; porque su amor por él colma de sentido su vida. El amor fraterno se caracteriza por su falta de exclusividad, y en él se realiza la solidaridad humana. Si percibo en una persona sólo lo superficial, percibo básicamente las diferencias; percibo lo que nos separa. Si penetro hacia el núcleo, percibo nuestra identidad, nuestra hermandad. El amor comienza a desarrollarse si amamos a los que no necesitamos. El amor erótico es el anhelo de fusión completa con una única persona. Es la forma de amor más engañosa, porque se puede confundir con la experiencia explosiva del enamoramiento, y el enamoramiento es una intoxicación por amor. Si el deseo de unión física no está estimulado por el amor (si no es a la vez fraterno) jamás conduce a la unión, salvo en un sentido orgiástico o transitorio.

El amor a Dios también puede tener su origen en la necesidad de evitar la angustia de la soledad a través de la unión con alguien. Cuando la religión ha tenido un carácter matriarcal, los dioses se han caracterizado por profesar un amor incondicional e igual para todos. El creyente sabe que, aunque haya pecado, su Madre le amará y no amará a otro más que a él. Este amor propicia lo que ocurre entre la madre y el hijo, es decir, que el amor a Dios, y el amor de Dios hacia él, son inseparables. En las etapas patriarcales, dice Fromm, ocurre que el Padre tiene exigencias, establece principios y leyes, supedita su amor a la obediencia, tiene predilección por el más obediente y capacitado, y las cosas se complican...

Planteamiento Teológico

La tradición judeo-cristiana identifica a Dios con el amor. Cuando Dios insufla en las narices del muñeco de barro su propio espíritu, le está insuflando principalmente el amor. Es el espíritu de Dios el que alienta en cada uno capacitándole para amar, y es a través del amor humano, como el ser humano puede intuir la esencia de Dios. Cuando un místico vuelca todas sus potencias hacia su interior, lo que encuentra en lo más profundo, en lo más íntimo, es a Dios, y los místicos describen esta experiencia como plenitud absoluta; como la de un enamorado al fundir su espíritu con el de su amada.

Una buena definición de cristiano podría ser la siguiente: *"Quien se siente amado por Dios y responde amando"*. Esta idea está expresada en el evangelio de forma inequívoca en los siguientes términos: «*En esto conocerán que sois mis discípulos; en que os améis los unos a los otros*». Jesús dedica su vida pública a predicar el Reino, y lo concibe como una comunidad de hermanos que se aman, se perdonan y se ayudan mutuamente. Su gran genialidad es extender las relaciones que rigen en el seno de una familia al conjunto de la humanidad: «*A mí me lo hicisteis*».

La felicidad

Consciente o inconscientemente, la búsqueda de la felicidad es el motor que nos mueve a la hora de realizar todos y cada uno de los actos que realizamos, y ese impulso irresistible que nos empuja al logro de la felicidad está indeleblemente impreso en nuestra propia naturaleza.

Esta evidencia, fruto de nuestra experiencia cotidiana, lleva a los eudemonistas a considerar la felicidad como el fin último del ser humano, y, en mayor o menor medida, todos somos eudemonistas. Gottfried Leibniz dice que «*la felicidad es al hombre, como la perfección a los entes*», lo que significa que en el hombre la perfección consiste en ser feliz. Fueron eudemonistas Aristóteles y

Tomás de Aquino, aunque este último refería la felicidad a la vida entera; la de antes y la de después de la muerte.

Conceptos de felicidad

Es probable que cada uno de nosotros conciba la felicidad de forma diferente, y por esa razón hallamos infinidad de definiciones distintas. Es habitual devaluar el concepto y llamar felicidad a *"cualquier situación de satisfacción y contento"*. En el extremo opuesto encontramos personas que le piden mucho a la vida, y restringen el concepto de felicidad a un estado de *"plenitud y armonía del alma"*. Son personas que distinguen muy bien entre lo que es felicidad, y lo que no pasa de ser placer, contento, gozo, júbilo o euforia; personas que consideran la felicidad como un estado superior relacionado con la esencia más genuina de la condición humana.

La felicidad, así concebida, es algo que sólo sentimos circunstancialmente; que no somos capaces de abarcar ni comprender, y que, por tanto, no podemos definir con rigor. Anteriormente hemos apuntado la posibilidad de que sea una realidad ontológica por encima de otras facultades más comunes, como la inteligencia; un eslabón que nos une a algo superior en ciertos momentos de nuestra vida.

Por eso se nos escapa, nos supera, no sabemos cuándo se va a presentar o dónde buscarla. Aún en el momento en que nos sentimos felices, no sabemos en qué consiste ni cuánto va a durar. Sin duda, sobre nuestro cerebro estará actuando un aluvión de estímulos, pero ésa no puede ser la causa de la felicidad, sino el efecto; la respuesta a un estado del ánimo superior provocado por causas que se nos escapan.

La auténtica felicidad sólo es alcanzable a través de actitudes que trascienden a los demás. Es decir, la auténtica felicidad se logra a través del ejercicio de nuestra *humanidad*, y esta conclusión es perfectamente coherente, pues si la felicidad es el fin último del ser humano, en buena lógica debe estar íntimamente ligada a lo que mejor expresa la calidad de lo humano; la humanidad. Así llegamos a esa correspondencia entre felicidad y amor que podemos plasmar en esta sencilla frase: *"La felicidad consiste en amar y ser amado"*. Parafraseando a Sócrates, podemos decir que el amor es condición necesaria y suficiente para alcanzar felicidad, y que otros cauces sólo nos llevan a situaciones que no van más allá del gozo. Y ya sabemos que esta afirmación choca con el testimonio de muchas personas que aseguran encontrar la felicidad a través de actitudes egoístas, pero creemos que esta discrepancia está motivada por la distinta concepción de felicidad que tiene cada uno de nosotros.

Planteamiento teológico

Los capítulos quinto y sexto de Mateo recogen lo que se ha venido en llamar el sermón del monte: una recopilación de dichos de Jesús que nos muestran de forma desordenada, pero inequívoca, sus criterios en materia de felicidad. Aunque los hemos incluido en este epígrafe que hemos llamado *"planteamiento teológico"*, son pasajes mucho más cercanos a la sabiduría humana, al arte de vivir, que a la teología propiamente dicha. Dentro de este conjunto, las bienaventuranzas gozan de merecido prestigio.

«Bienaventurados los pobres... los mansos de corazón... los sufridos... los que lloran... los que tienen hambre y sed de justicia... los misericordiosos... los limpios de corazón... los que trabajan por la paz... los perseguidos por causa de la justicia...»

Estos criterios suponen un vuelco radical de los valores vigentes en su tiempo y en cualquier tiempo, pero son sin duda el fruto de un profundo conocimiento de la condición humana.

Capítulo 9

Noogénesis – Relato científico

Repasadas sucintamente las facultades humanas que surgieron a lo largo de la noogénesis, ya podemos comenzar a ocuparnos del relato que hace la ciencia de este proceso, aunque sería más apropiado hablar de dos procesos paralelos: la evolución biológica centrada básicamente en el aumento del volumen y complejidad del cerebro, y la evolución cultural, referida a los rasgos diferenciales no biológicos entre aquellos primates en que se inició la hominización y el ser humano. Estos procesos no son independientes el uno del otro, sino perfectamente imbricados entre sí, hasta el punto de que podemos hablar de una coevolución en la que todo avance cultural tiene su contrapartida biológica y viceversa.

Evolución biológica de los homínidos

Existe una relación estrecha entre el grado de hominización de los individuos que conforman una población o una especie y el tamaño y complejidad de su cerebro, por lo que comenzaremos esta parte del trabajo haciendo una breve referencia al cerebro humano.

El cerebro humano

El cerebro humano es el órgano central de nuestro sistema nervioso. Tiene una estructura similar a la de los otros mamíferos, pero con un córtex —corteza cerebral— más desarrollado. Respecto al proceso de evolución del propio cerebro, el prestigioso neurocientífico Paul McLean enuncia la teoría de los tres cerebros. El más antiguo es el tronco cerebral (cerebro reptiliano) que rodea la parte superior de la médula espinal. Se desarrolla hace quinientos millones de años y se caracteriza por la acción y el instinto. Regula funciones básicas como respiración o metabolismo, pero ni piensa ni aprende, sino que está programado para velar por la supervivencia.

En torno suyo surge el sistema límbico que integra los centros emocionales. Comienza a desarrollarse con las aves y se completa con los mamíferos. En este cerebro emocional reside también la capacidad de aprendizaje y la memoria, lo que aporta mayor capacidad de adecuar en cada momento la conducta a la supervivencia.

A partir de las áreas emocionales evoluciona la corteza cerebral, *córtex*, siendo el cerebro pensante, o *"neocórtex"*, su parte más evolucionada. Su desarrollo pudo comenzar hace un millón de años. El neocórtex es el asiento de los procesos intelectuales superiores, el desarrollo social, el entendimiento y el análisis. También nos permite tener sentimientos respecto al arte, la cultura y las ideas. En los seres humanos el neocórtex representa de media el setenta y seis por ciento del cerebro.

Todo ello hace que el cerebro humano sea el órgano más complejo del cuerpo, y se estima que posee alrededor de noventa mil millones de neuronas. La neurona es un tipo de célula del sistema nervioso central cuya característica principal es la excitabilidad eléctrica. A través de ellas se transmiten señales eléctricas —impulsos nerviosos— que comunican a las neuronas entre sí y con otras células ordinarias, dando lugar, por una parte, al pensamiento y demás facultades de nuestra mente, y por otra, al control de todos los procesos fisiológicos que se desarrollan en nuestro organismo. En ciertos ambientes resulta habitual identificar el *"cerebro"* con la *"mente"*, y afirmar que no existe en nosotros ninguna instancia por encima de él. Si esto fuese así, el cerebro sería la sede de nuestra personalidad y el asiento de nuestra identidad personal. Sería el motor de nuestros sentimientos, sensaciones, anhelos e intuiciones, y sería también la causa última del amor, la amistad, la esperanza, los principios éticos, los valores humanos, la capacidad para el arte, la capacidad de Dios, y de todo aquello que somos capaces de encontrar cuando miramos en el interior de nosotros mismos. Es decir, significaría que el cerebro sería el núcleo de lo que somos; lo más parecido a nuestra esencia.

No obstante, se da la paradoja de que científicos prestigiosos que apuestan por esta concepción del ser humano, afirman que estamos en una etapa tan primitiva de la investigación del cerebro que en realidad no sabemos qué es la conciencia, ni la inteligencia, ni el pensamiento, ni la voluntad. Nos referimos, por ejemplo, a Rafael Yuste, prestigioso neurobiólogo español residente en Estados Unidos, quien –en una larga entrevista con Iñaki Gabilondo–, afirma que hasta ahora se ha puesto el énfasis en estudiar las operaciones de las células cerebrales individuales (y que en este campo nuestro nivel de comprensión es elevado), pero que la forma en que cooperan los distintos conjuntos de neuronas para establecer los mecanismos que dan lugar a conceptos, razonamientos, intuiciones, sentimientos o sensaciones, está todavía muy lejos de ser comprendida.

Para avanzar en este campo, añade Yuste, actualmente existen importantes programas de investigación dirigidos a entender mejor el funcionamiento del cerebro humano en su conjunto, y ello con el objetivo de avanzar radicalmente en el tratamiento de las enfermedades mentales. Uno de los programas más importantes tiene por objeto elaborar un mapa cerebral al estilo del realizado para el genoma humano; un programa que tuvo como impulsor a Barak Obama y estuvo liderado por el propio Rafael Yuste. Acabamos de decir que muchos neurobiólogos identifican la mente con el cerebro, pero también son muchos los que distinguen entre mente espiritual y cerebro material, limitando las funciones de este último a mera herramienta de la primera. Entre ellos podemos destacar al premio Nobel, John Eccles.

La psicología cognitiva

En el siglo XVII, Blaise Pascal, matemático prodigioso, fue el primero en intuir que nuestro cerebro podía concebirse como un procesador de información, y es curioso que casi cuatro siglos después esté en boga la *psicología cognitiva* que asimila la función del cerebro a la de un ordenador. Esta corriente está tan ligada al desarrollo de los ordenadores, que sus partidarios afirman que las conclusiones que obtienen pueden aplicarse de forma indistinta al cerebro humano y a los computadores. Es evidente que tanto la arquitectura como la capacidad del cerebro humano son mucho más flexibles y avanzadas que las de un ordenador, pero la función es básicamente la misma.

La mayoría de neurobiólogos se resisten a aceptar esta tesis, y para ello aducen que un ordenador es una buena herramienta para organizar información, pero que no tiene capacidad de entender nada de lo que hace. Pero ese argumento sólo demuestra que el cerebro no puede ser autónomo; que no puede ser la última instancia, pero si lo consideramos como soporte biológico de la mente, podremos comprobar que las tesis cognitivas no son, en absoluto, descabelladas.

Un inciso. Resulta muy difícil de admitir que un cerebro material sea capaz de producir una sustancia espiritual como es el pensamiento (o el amor), y de hecho nadie lo ha demostrado. Es mucho más lógico pensar que sea esa sustancia espiritual la que tenga algún tipo de reflejo o respuesta en el cerebro. El estímulo es espiritual (la música de Bach), y el efecto, material (el cerebro segrega neurotransmisores que nos producen escalofríos). Por esta razón, en este trabajo vamos a seguir el criterio de John Eccles de diferenciar el cerebro material de la mente espiritual, lo que equivale a decir que abrazamos las tesis de la psicología cognitiva y que a ella nos atendremos en adelante. Fin del inciso.

Los partidarios de la psicología cognitiva destacan la similitud entre los circuitos eléctricos de un ordenador y las conexiones neuronales del cerebro; entre las señales eléctricas que recorren estos circuitos y los impulsos cerebrales, también eléctricos, que se transmiten a través de las sinapsis; entre el código de transmisión de las señales de un ordenador, basado en el sistema binario –ceros y unos–, y el código de comunicación de nuestro cerebro; entre la gran capacidad de computación de un ordenador y la del cerebro…

A la vista de estas semejanzas, sostienen que su funcionamiento es también similar y, de hecho, los datos empíricos que manejan apuntan en ese mismo sentido. Y si esto es así, la primera conclusión a la que llegamos es la falta de autonomía del cerebro para actuar por su cuenta. Al igual que un ordenador, nuestro cerebro requiere un *"usuario"* que le marque las tareas a realizar, porque él no tiene más capacidad que computar, es decir, desarrollar unas pocas operaciones matemáticas elementales a una enorme velocidad.

La computación se realiza además sin que el ordenador se entere de lo que está haciendo. El programador analiza un problema, desarrolla los algoritmos matemáticos relativos al mismo y los convierte al sistema binario con la ayuda del lenguaje de programación que esté utilizando. Pero el ordenador sólo ve impulsos eléctricos que corren por sus circuitos e ignora si está haciendo un cálculo mecánico, una predicción meteorológica, una encuesta o la tarea del colegio de un niño de diez años. Del mismo modo, el cerebro sólo ve impulsos nerviosos corriendo por sus circuitos neuronales, y tampoco se entera.

Pero esto nos plantea una pregunta: ¿Quién es el usuario de ese ordenador que poseo en mi cerebro? Y la respuesta es muy sencilla: el usuario de mi ordenador soy yo. Pero ¿quién es *"ese yo"* ajeno a mi cerebro que manda en él? La respuesta a esta pregunta se incluye en el capítulo final de este trabajo, y de algún modo trata de ser la conclusión general del mismo.

Proceso de evolución biológica

Esbozadas a grandes rasgos las distintas concepciones del cerebro (última instancia para unos, o simple herramienta para otros), pasamos sin más a ocuparnos del proceso de evolución biológica de los homínidos.

Parece ser que el antecedente inmediato de los homínidos es el *"Australopitecus"*, un primate que habita en África desde hace cuatro millones de años hasta hace dos millones aproximadamente. Su estatura media es un metro veinte y su capacidad craneal oscila entre los cuatrocientos y los quinientos centímetros cúbicos. Se alimenta de hojas y fruta, y su mayor novedad consiste en que se desplaza por el suelo de manera bípeda para otear mejor a los depredadores. A estos primates se les atribuye un papel primordial en la evolución humana, pues, al parecer, en una de las poblaciones de esta especie se inició el proceso de hominización en África.

A la primera especie conocida del Género Homo se la denomina *"Homo Hábilis"*, cuya antigüedad se estima entre dos millones y un millón ochocientos mil años. Sus individuos son bípedos, miden aproximadamente metro sesenta y tienen una capacidad craneal de setecientos cincuenta centímetros cúbicos. Complementan su dieta con carroña, propiciando así una mayor ingesta de proteínas. Aunque el tamaño de su cerebro es muy superior al de los otros primates, su aspecto es simiesco. Su nombre –Homo Hábilis– hace referencia a su capacidad para fabricar utensilios de piedra capaces de cortar y desgarrar pedazos de carne.

La segunda es el *"Homo Ergaster"*, que etimológicamente significa trabajador y que está emparentado con el *"Homo Erectus"* asiático. Vive desde hace un millón ochocientos mil años hasta un millón cuatrocientos mil, y se caracteriza por medir un metro ochenta y tener una capacidad craneal de entre novecientos y mil centímetros cúbicos. Probablemente es omnívoro y su cara presenta un atisbo de nariz. Es capaz de mejorar los utensilios cortantes existentes, y es el primer homínido en salir del continente africano y poblar otras partes del mundo.

La tercera corresponde al *"Homo Antecessor"*, considerada la especie homínida más antigua de Europa y probable antecesora del *"Homo Heidelbergensis"*. Vive hace novecientos mil años, su capacidad craneal supera los mil centímetros cúbicos y su estatura media ronda el uno sesenta. Es el primer homínido del que se tiene noticia de practicar ritos religiosos; principalmente en forma de prácticas funerarias. Su extinción pudo haberse producido a consecuencia de un evento catastrófico como un terremoto.

La cuarta especie es el *"Homo Neanderthalensis"*, caracterizada por una gran capacidad craneal cercana a los mil quinientos centímetros cúbicos. Es muy fornido y su estatura media está en torno al uno sesenta y ocho. Habita en Europa y algunas partes de Asia desde hace doscientos treinta mil años hasta hace veintinueve mil. Su extinción pudo haber estado provocada por las epidemias, su dificultad de adaptación a los cambios climáticos de la época, o simplemente, porque su especie fuese absorbida por la del Homo Sapiens a través de la reproducción.

La quinta y última especie es la del *"Homo Sapiens"* a la que pertenecemos los seres humanos. El Homo Sapiens es la especie más avanzada de la evolución del hombre en cuanto a capacidad craneal, abstracción mental, razonamiento y lógica. Se trata también de la única especie del género homo que ha sobrevivido. Los primeros Homo Sapiens datan de hace al menos ciento sesenta mil años y son de piel oscura –aunque ahora sus rasgos físicos varían mucho según sea el lugar de la Tierra en el que habiten.

Pues bien, hasta aquí hemos realizado un brevísimo esbozo de las principales especies de homínido reseñando sus rasgos más sobresalientes. Ya habíamos dicho que sus habilidades y competencias han ido creciendo a la par que crecía el tamaño de su cerebro, pero ahora debemos preguntarnos por los factores evolutivos que han provocado en tan poco tiempo este incremento tan notable.

Existen diversas hipótesis que tratan de aportar algún tipo de respuesta razonable. La primera apela a la selección natural considerando la inteligencia como factor clave de supervivencia, la segunda apunta a la mayor ingesta de proteínas, la tercera a la necesidad de mantener relaciones sociales cada vez más complejas, y la cuarta a una mutación genética muy oportuna de cara a propiciar nuestra presencia en el mundo.

Conviene señalar que en el caso de la cosmogénesis la ciencia ha sido capaz de documentar un proceso complejo y coherente, que parte del Big Bang y llega al universo tal como hoy lo conocemos. Algo parecido ocurre con la biogénesis, aunque sus teorías tienen un soporte empírico muy inferior. Pero cuando hablamos de noogénesis, nos encontramos con un soporte empírico tan pobre que sólo se presta a emitir hipótesis razonables que a veces resultan contradictorias entre sí. Un ejemplo sencillo que ilustra este hecho es el que acabamos de ver, es decir, la causa del incremento del tamaño y complejidad del cerebro humano. Hemos apuntado cuatro hipótesis que nada tienen que ver entre sí, dándose la circunstancia de que ninguna de ellas responde a todos los aspectos del problema, y que ninguna es capaz de concitar el consenso dentro de la comunidad científica.

Evolución cultural

La evolución cultural es un proceso paralelo a la evolución biológica por el cual surgen las facultades humanas de las que nos hemos ocupado en un capítulo anterior. Por tanto, dentro de este epígrafe están incluidas tanto las facultades intelectivas como las morales y espirituales.

Sabemos que el punto de partida son las facultades inherentes a los primates, y sabemos también que el motor de su vida era la supervivencia. Para conseguirla estaban dotados de un código instintivo que mandaba en ellos de forma absoluta y no dejaba ningún resquicio a ningún otro tipo de conducta. Esto significa, por una parte, que carecían de la más mínima libertad, y por otra, que eran individuos esencialmente egoístas en los que no cabía el altruismo tal como nosotros lo entendemos.

Es ciertamente difícil componer un relato basado en los mecanismos evolutivos conocidos, en el que individuos esencialmente egoístas y esclavos de sus instintos se convierten en personas libres en posesión de unas facultades, capacidades y valores sencillamente inimaginables en aquel mundo en que habitaban. No es por tanto de extrañar que sean innumerables las teorías que se emiten al respecto desde el ámbito científico. En estas teorías, la conjetura debe suplir la falta de evidencias empíricas disponibles, pues si el registro fósil es insuficiente incluso para basar en él teorías solventes que expliquen la evolución biológica, mucho menos para explicar con rigor su evolución cultural tal como aquí se plantea.

Entre las muchas teorías que hemos encontrado para justificar la aparición de las facultades humanas mencionadas anteriormente, hemos seleccionado en cada caso la que nos ha parecido más razonables y ajustadas a la tónica general, y, al igual que hicimos en los casos de la cosmogénesis y la biogénesis, seremos muy breves en su exposición.

Origen y evolución de la inteligencia

Para hablar sobre el origen de la inteligencia, hemos seleccionado un artículo de Vera Patricia Bolaños titulado *"Teoría sobre la evolución de la inteligencia"*, que fue publicado en *"monografías. com"* en febrero de 2015.

Su propuesta se basa en dos premisas. La primera es la hipótesis defendida por el Instituto de Neurociencias de Londres, que afirma que el proceso de maduración de un cerebro humano no termina hasta los cuarenta años, y que durante ese periodo la estructura de interconexión neuronal está en permanente evolución para adaptarse, tanto al entorno, como a la actividad mental de su poseedor.

La segunda es la teoría del aprendizaje de Jean Piaget, en la que describe el proceso de adaptación de la estructura mental de los niños para convertirse en adultos. Piaget afirma que las etapas descritas en la evolución del cerebro de un niño son también aplicables al proceso de evolución de la inteligencia en el Género Homo, es decir, al proceso de evolución que culmina en el ser humano.

Basada en estas premisas, la autora afirma que la estructura cerebral intelectiva de los homínidos se fue adaptando en cada momento a las necesidades del entorno y la creciente complejidad de sus acciones y relaciones. Ello significa que la evolución de su cerebro fue en consonancia con la evolución cultural de la sociedad donde se desarrollaba su vida, y que fue este mecanismo el que determinó el aumento del tamaño del neocórtex, la mejora de la estructura mental, el mejor entendimiento del entorno y la tendencia a mejorar su forma de vida. Afirma también que la inteligencia evoluciona partiendo de lo aprendido y adaptándose a las necesidades concretas de cada circunstancia.

Origen y evolución del sentido ético

En este caso nos vamos a apoyar en un artículo de Ernts Mayr titulado *"¿Puede la evolución explicar la ética?"*, publicado en España por la editorial Debate en 2005, y correspondiente al capítulo 12 de su libro *"Así es la biología"*.

Mayr recuerda que Darwin cuestiona el origen divino de la moralidad humana al rechazar toda discontinuidad en el proceso evolutivo entre el animal y el ser humano: «*La moralidad humana* –dice Darwin– *tiene que ser fruto de la evolución gradual*». Pero no pasa de ahí, y deja planteada la tarea de encontrar los mecanismos evolutivos capaces de hacerlo posible; una tarea ardua dado el carácter egoísta de nuestros ancestros, pues el principal problema para construir una ética naturalista, está en desentrañar el enigma de cómo se pueden dar conductas altruistas entre seres egoístas.

Para explicarlo, Mayr define tres contextos diferentes en los que un individuo puede evolucionar según los principios de la selección natural: como individuo, como miembro de una familia y como miembro de un grupo social. Añade que en los dos últimos se puede dar algún tipo de altruismo.

Apoyándose en la clasificación hecha en su día W. D. Hamilton, Mayr nos habla del *"altruismo de eficacia inclusiva"* –que se da en el seno familiar e incluye acciones como defender la prole, avisar de los peligros, compartir alimentos y otras conductas beneficiosas para el receptor y nocivas para el autor–, y del *"altruismo recíproco"* –que se da entre individuos no emparentados y que se puede considerar una conducta más egoísta que altruista, pues consiste en una interacción con beneficio mutuo–. Un ejemplo de esta última forma de altruismo lo constituyen las aves que se alimentan de los parásitos de los grandes mamíferos.

El auténtico altruismo fuera del seno familiar –dice el autor– tiene su origen en la presión que el grupo ejerce sobre los individuos que lo conforman. Durante el proceso de evolución, los homínidos descubren que la posibilidad de supervivencia en un grupo grande es superior que en la familia aislada a la que pertenecen, y se van agrupando de acuerdo al mecanismo evolutivo del altruismo recíproco. Con el tiempo se establecen normas de conducta para contrarrestar las tendencias egoístas de los no familiares (lo cual requiere estar soportado en la fuerza de raciocinio del cerebro), y de esta forma se produce un tipo de coevolución entre el cerebro (cada vez más grande y complejo) y el grupo social (cada vez más numeroso y complicado) que hace posible el refuerzo del comportamiento ético humano.

¿Pero cómo adquiere un grupo determinado sus normas éticas particulares? Darwin considera los actos éticos como la respuesta provocada por un *"instinto social"* propio de todos los animales sociales, pero Mayr apunta como más probable, que el sistema ético de cada grupo haya evolucionado tanto por el sistema de *"prueba-error"*, como por la impronta que le haya dejado algún líder carismático.

Mayr añade que cuando se trata de grupos pequeños, las normas éticas de unos y otros difieren entre sí, pero que, si comparamos las grandes religiones o los grandes sistemas filosóficos de todo el mundo, descubrimos códigos éticos casi idénticos. Según Mayr, esto podría significar que sus líderes las habrían establecido basándose en su gran conocimiento de la condición humana (él no emplea esta última expresión, pero entendemos que es a lo que se refiere), y que más tarde, estas normas se habrían interiorizado pasando a formar parte de la tradición cultural hasta el punto en que hoy nos pueden parecer innatas.

Origen y evolución del libre albedrío

El libre albedrío es la capacidad que tiene cada individuo para tomar sus propias decisiones. El concepto de libre albedrío se diferencia del concepto de libertad en que está referido a la simple *"capacidad"* y no conlleva la necesidad de obrar, mientras que la libertad generalmente implica acción. No obstante, para nuestro propósito nos vamos a referir a uno u otro indistintamente.

En ambientes científicos hay tendencia a negar el libre albedrío; tendencia que se acentúa notablemente entre aquellos científicos más proclives a hacer públicas sus opiniones. Y claro, si el libre albedrío no existe, resulta ocioso preguntarse por su origen. Veamos algunos ejemplos.

Stephen Hawking, en su libro *"The Grand Desing"*, apela al carácter determinista de la Naturaleza, y afirma con su rotundidez característica:

> «*Es sutilmente hermoso apreciar cómo nuestras propias falencias como especie, nos protegen de lo que para algunos puede ser una oscura y aterradora realidad: No tenemos control sobre nuestras propias vidas, y todo lo que sucede desde que nacemos hasta que morimos está determinado por las leyes físicas de la naturaleza ajenas a nosotros*».

Bertrand Russell, en su libro *"Por qué no soy cristiano"*, descalifica de manera radical el libre albedrío basándose en que «*toda actividad del cuerpo humano está sometidos a las leyes físicas*»... Llama la atención que Russell –cuyas opiniones suelen ser cualificadas e interesantes– haya publicado una argumentación tan débil en la que abundan los asertos y escasean los razonamientos. Hemos extraído una de sus afirmaciones que da idea del rigor del texto:

«Se piense acerca del libre albedrío lo que se quiera como materia filosófica, pero es evidente que en la práctica nadie cree en él»... (¿de veras?).

Este rechazo al libre albedrío en ambientes científicos y seudo científicos, nos ha complicado notablemente la tarea de encontrar algún comentario sobre su origen que no tome como argumento la fe religiosa. La mayoría se limita a afirmar que *«para la ciencia el concepto de libre albedrío es una cuestión carente de sentido»*, aunque otros sugieren –sin más desarrollo teórico– que es una consecuencia directa de la capacidad de raciocinio.

Origen y evolución del amor

Para poder entender las teorías emitidas desde el ámbito científico en torno al origen del amor, hemos creído conveniente comenzar por saber cuál es la idea que desde este ámbito se tiene de él. Hemos encontrado diversas definiciones, pero hay una que puede ser compendio de las demás. Dice así:

«El amor es un fenómeno integral que involucra al cerebro y a nuestros órganos productores de hormonas; un fenómeno producido por una serie de reacciones químicas que proporcionan placer, euforia, seguridad, confianza, ansiedad, depresión y obsesión, y que influye en nuestra conducta y en nuestros procesos cognitivos y emocionales».
Ignacio Camacho Arrollo. Universidad Autónoma de México

Aunque el autor se refiere al amor, parece estar refiriéndose a la atracción sexual o el enamoramiento, y eso, en el mejor de los casos, es el subsótano del amor. Es como si alguien dice que nos va a describir el firmamento, y se limita a esbozar la cara visible de la luna (nada que ver con las reflexiones de Erich Fromm sobre el amor). El problema vuelve a ser que todo lo que hemos encontrado en el ámbito científico en torno a este tema parte de esta concepción, por lo que vamos a limitarnos a unas consideraciones generales de Richard Dawkins.

Refiriéndose al origen del amor, es decir, al mecanismo por el cual el ser humano alcanza la facultad de amar, Dawkins, etólogo, zoólogo y divulgador británico, afirma que el amor es un estado evolucionado del primitivo instinto de supervivencia, y lo define como: «*Un instinto que mantiene unidos a los seres humanos ante las amenazas y facilita la continuación de la especie*».

Considera que existen dos clases de amor, el altruista, basado en la compasión y la cooperación, y el egoísta (¿?), basado en el interés individual y la rivalidad. Ambos se reducen a procesos cerebrales que la evolución ha proporcionado al ser humano.

Históricamente, Dawkins comienza afirmando que la evolución biológica está controlada por un mecanismo que él denomina *"selección de grupos"*, en virtud de la cual, los grupos compuestos por individuos dispuestos a sacrificarse en favor de la comunidad tienen más probabilidades de sobrevivir que los otros, y que esto, según las leyes de la evolución, da lugar a un desplazamiento genético hacia individuos altruistas y finalmente a un mundo poblado por ellos.

Esta interpretación de Dawkins choca con la teoría darwinista, según la cual, el mecanismo de evolución es la selección individual y no de grupos. Quizás influido por ello, Dawkins termina proclamando que la unidad de supervivencia no es ni el grupo ni el individuo, sino el gen, lo que según el autor significa que:

> «*Los seres humanos y los grupos de seres humanos somos máquinas de supervivencia creadas por los genes en su propio beneficio*».

En resumen

Cuando hemos hablado de inteligencia o sentido ético de la vida, nos hemos encontrado con teorías consistentes con las que es muy fácil estar básicamente de acuerdo. Pero al intentar hacer lo mismo con el libre albedrío, y, sobre todo, con el amor, no hemos encontrado nada que merezca la pena incluir aquí. Y eso nos lleva a una conclusión relevante: la ciencia es competente en el ámbito de lo físico, y nada más. Cuando sus estudios se limitan a ello genera un conocimiento que podemos considerar fiable.

Pero el prestigio del que goza la ciencia mueve a algunos científicos a abordar conceptos para los que la ciencia es extremadamente incompetente, y para ello, lo degradan hasta el nivel en el que se le pueda aplicar un tratamiento científico –o un apaño pseudocientífico– con lo que sus conclusiones nada tienen que ver con el teórico objeto de estudio.

Capítulo 10

Noogénesis – Reflexión y comentarios

Volvemos a una idea expuesta al inicio de este libro, que en este punto cobra especial relevancia. Decíamos que los fenómenos directamente observables dan lugar a unas teorías científicas tan fiables que pueden llegar a considerarse ciertas, y un buen ejemplo de ello lo constituyen las leyes físicas. El motivo es que el fenómeno estudiado se repite una y otra vez, el científico que lo investiga puede experimentar con él tanto como desee, y evidenciar cualquier posible discrepancia entre la teoría y la realidad.

Por supuesto, no cabe la existencia de dos o más teorías distintas sobre un mismo hecho, pues los fenómenos naturales suceden siempre, de forma inexorable, de la misma forma.

Pero cuando se emiten teorías sobre fenómenos que ocurrieron hace millones de años, los únicos datos empíricos disponibles son los que proporciona el registro fósil, y éste, en general, sólo aporta una pequeña parte de la información necesaria para desarrollar una teoría científica rigurosa. Esta carencia de datos obliga al científico a recurrir a la conjetura en mayor medida de la que él desearía, pues sabe que en estas condiciones el rigor de sus planteamientos no es el que él quisiera lograr.

Por tanto, conviene distinguir entre teorías científicas propiamente dichas (como la ley de Newton o el principio de Arquímedes) y teorías emitidas desde el ámbito científico con un soporte empírico insuficiente, porque la fiabilidad de las unas y las otras es muy distinta.

Conviene aclarar que sólo queremos consignar este hecho para que sirva de telón de fondo: que no pretendemos poner en duda ninguna de las teorías noogenéticas emitidas desde el ámbito científico, pues, por una parte, carecemos de la competencia necesaria para hacerlo, y por otra, porque no dudamos de la competencia de quienes las emiten. Nuestra argumentación se va a basar en la lógica y en el método.

Capítulo 11

Crítica a las teorías sobre evolución biológica

En este capítulo nos vamos a limitar al incremento del tamaño y complejidad del cerebro de los homínidos, y quizá debamos comenzar aclarando que la crítica de las teorías vigentes no implica que estemos negando su origen natural, ya que, por una parte, es innegable que durante este proceso el volumen del cerebro se ha triplicado, y por otra, que alguna causa biológica ha tenido que mediar para que este proceso se haya producido.

Dicho esto, vamos a repasar las principales hipótesis sobre las causas que han provocado este proceso, y vamos a comenzar con la referida a la dieta alimenticia.

La dieta de los primates es casi exclusivamente vegetariana, con mucho aporte de celulosa y poco de proteínas. En cambio, los homínidos van incorporando paulatinamente una mayor dosis de proteínas; primero procedentes de la carroña y luego de la caza. Según esta teoría, sería su ingesta lo que habría permitido crecer al cerebro, y la razón que se esgrime es que las proteínas son más energéticas que los vegetales, y el cerebro necesita mucha energía para su funcionamiento.

Pero este razonamiento es muy deficiente desde el punto de vista lógico, pues por mucha energía que necesite el cerebro para su funcionamiento, la disponibilidad de más energía no tiene por qué implicar que crezca. Lo podemos considerar un factor en consonancia con el proceso; quizás un factor necesario para el mismo, pero no su causa. Por otra parte, si el consumo de carne provoca el aumento del tamaño del cerebro, los animales carnívoros debían poseer los cerebros más desarrollados; y no es así.

Otra teoría (y ésta más sólida), sostiene que el gran desarrollo del cerebro de los homínidos es producto de la coevolución entre el cerebro y la complejidad de sus relaciones sociales, y se sustenta en el hecho de que algunos estudios estadísticos han encontrado cierta correlación entre el tamaño del neocórtex, y la cantidad de miembros que formaban los grupos sociales a los que pertenecían esos individuos.

Como vimos cuando estudiamos las propuestas de Ernst Mayr, los individuos de alguna población de primates habrían alcanzado mayor complejidad en las relaciones dentro de los grupos suprafamiliares, habrían comenzado a regular el comportamiento dentro del grupo, y a partir de ahí, la coevolución entre el cerebro y las relaciones sociales habría guiado el proceso. Pero la conducta social se daba en las poblaciones que iniciaron el proceso de hominización y en las que no lo hicieron, por lo que esa mayor complejidad en las relaciones que alcanzaron los primeros, tuvo que obedecer a un plus de inteligencia que los llevó más lejos en el proceso de socialización.

Y es aquí donde caemos en argumentación cíclica (la pescadilla que se muerde la cola), pues, sin un aumento previo de la inteligencia no se hubiesen complicado sus relaciones sociales, y en ausencia de relaciones sociales complejas no se hubiese desarrollado la inteligencia. El funcionamiento de la coevolución es como la de un péndulo, que necesita un impulso inicial para ponerse en movimiento, y por eso, hablar de coevolución sin identificar ese primer impulso deja la teoría coja.

Aparte de estas dos hipótesis está también la de la mutación genética. Un grupo de investigadores de la universidad de Chicago que estudiaba las causas de la microcefalia, descubrió que aproximadamente en el 50% de los casos era de un tipo llamado *"microcefalia hereditaria primaria"*, que está relacionado con el déficit de una proteína cuya producción está regulada por un gen denominado ASPM. Basados en este dato, lanzaron la hipótesis de que el radical aumento del tamaño del cerebro de los homínidos pudo haber estado inducido por la mutación de este gen, lo que dio lugar a una mayor producción de esta proteína.

Existe alguna otra hipótesis de menor entidad, pero quizá lo más importante de todo esto es que –al igual que en la cosmogénesis y la biogénesis– el problema no está en explicar el proceso una vez iniciado, sino en explicar su origen. ¿Por qué en una población concreta de homínidos se inicia un proceso que culmina en nosotros, y en el resto de poblaciones no? ¿Por qué no ha habido otras poblaciones de otras especies que hayan experimentado un proceso similar, es decir, que hayan culminado en grandes cerebros y formas inteligentes de vida?

La respuesta lógica más ajustada a estos interrogantes es que el primer hito del proceso de hominización tuvo que ser la aparición de una inteligencia incipiente en alguna población de primates (el impulso inicial que antes mencionábamos). Veremos, además, que esta inteligencia no puedo tener su origen en el incremento del tamaño del cerebro, sino al revés; que la aparición y posterior desarrollo de esta inteligencia *"tira"* del cerebro para consolidarse y seguir avanzando. A partir de ese primer impulso, el cerebro se va adaptando en cada momento a las necesidades del entorno y la creciente complejidad de las acciones y relaciones de aquellos homínidos, o si lo prefieren, a partir de ahí se inicia el proceso de coevolución de la que nos habla Mayr.

Podríamos tomar como base de nuestra argumentación la limitada fiabilidad de las hipótesis que se emiten al respecto, pero no vamos a hacerlo. Damos por supuesto que las propuestas serias emitidas desde la ciencia –porque las hay menos serias– son fruto de un profundo conocimiento del tema e infinidad de horas de investigación, lo que invita a pensar que probablemente estén muy cercanas a la realidad. Pero conviene tomarlas por lo que son; la opinión razonada de gente muy competente apoyada por datos que la refuerzan.

Entrando ya en materia, en ambientes científicos se afirma que las facultades humanas (como la conciencia de sí mismo, la libertad, el amor, el sentido ético, etc.) son de una u otra forma consecuencia de su capacidad intelectual, y ésta, a su vez, del incremento de su capacidad cerebral. Crece el cerebro, y aquellos primates empiezan a pensar, a diseñar herramientas, a establecer normas de convivencia... y luego a amar, a compadecer, a crear arte y obrar en libertad.

La cosa debió ocurrir más o menos así, pero forzosamente tuvo que haber algo más, porque, siendo rigurosos, no se puede inferir que la aparición de la inteligencia sea la consecuencia del aumento del volumen y complejidad del cerebro. Y claro, si no somos capaces de justificar la aparición de la inteligencia, todos los argumentos emitidos para justificar la aparición de otras facultades pierden vigor. Dicho de otro modo, existe un *"eslabón perdido"* en la cadena argumental de estas propuestas sin el cual sus tesis, incluso desde un punto de vista científico, quedan cojas.

Quizá lo entendamos mejor con un ejemplo. Un cálculo complicado, o un modelo matemático complejo, requiere un ordenador potente para que corra en él el software desarrollado para su resolución o ejecución, pero la cosa no funciona al revés, es decir, un ordenador más potente no provoca por sí mismo la existencia de ese software. Y lo mismo ocurre con el ser humano, la gran complejidad de las funciones que ejecuta requiere un cerebro muy potente para soportarlas, pero un cerebro más potente no tiene por qué provocar la existencia de estas funciones. Dar por supuesto lo contrario supone renunciar al rigor con el fin de que la hipótesis cuadre.

En el caso de la biogénesis defendíamos que tuvo que haber un soplo de vida que *"animase"* aquella primera estructura celular, porque la materia no posee principio vital alguno que propicie el salto ontológico que se produjo. Y aquí defendemos el mismo criterio: que el primer hito del proceso de hominización no pudo ser el aumento del cerebro, sino un *"soplo de inteligencia"* que supusiese el impulso inicial para poner en marcha todo el mecanismo que nos propone la ciencia. Porque las teorías científicas parten en general de un postulado indemostrable (o que al menos nadie ha sido capaz de demostrar), y es que el incremento de la capacidad cerebral lleva aparejada la aparición de la inteligencia.

Pero esto es lo natural, casi lo obligado, porque una hipótesis científica no puede incluir en su argumentario que hubo *"un soplo de inteligencia"* en un individuo de una población de primates, y mucho menos que este soplo viniese de una realidad que ni vemos ni entendemos. Por tanto, el único punto de partida que puede contemplar la ciencia es el aumento del cerebro por las causas biológicas que fuesen (aunque su autor sea una persona religiosa que personalmente cree en el soplo de Dios del que nos habla el Génesis).

Desde el punto de vista práctico, este enfoque no modifica las hipótesis que se emiten desde ambientes científicos, pero desde el punto de vista conceptual el cambio es sustancial, pues introduce un punto singular en el proceso que suple su inconsistencia argumental. La secuencia puede haber sido más o menos así: en una población de primates con un cerebro suficientemente potente para albergar alguna forma arcaica de inteligencia, alguno de sus miembros recibe la facultad de pensar, se produce un desplazamiento genético hacia individuos con un atisbo de inteligencia, y ello les permite lograr unas relaciones sociales más complejas que el resto, dando inicio al mecanismo evolutivo que les lleva hasta nosotros.

Hemos hablado de la hipótesis de la mutación genética para explicar el aumento del cerebro de los homínidos, y es cierto que esta teoría resulta muy sugerente, pero no pudo haber sido el origen. Al igual que la ingesta de proteínas, pudo haber sido un factor importante para el éxito del proceso, pero no su origen, porque, como ya hemos dicho, el aumento del tamaño del cerebro que esta mutación habría provocado, no es una causa eficiente para la aparición de la inteligencia. La inteligencia tuvo que venir de fuera. Si la mutación se produjo antes del soplo de inteligencia, su efecto pudo ser la preparación del cerebro para poder albergarla, si se produjo después, su efecto pudo haber sido permitir al cerebro seguir el ritmo que imponían los mecanismos de evolución.

Hemos dicho que, en el origen, la iniciativa tuvo que ser de la inteligencia, pero ahora añadimos que también tuvo que serlo a lo largo de todo el proceso. ¿Y por qué?, pues porque ésta es la tesis que defiende la ciencia. Recordemos que Vera Patricia Bolaños se basaba en las teorías de Piaget y el Instituto de Neurociencias de Londres, para afirmar que «*la estructura cerebral intelectiva de los homínidos se fue adaptando en cada momento a las necesidades del entorno y la creciente complejidad de sus acciones y relaciones*» y a ello nos atenemos. La presión del entorno obliga a los miembros de una población a desarrollar nuevas facultades, y el cerebro reacciona adaptándose a las nuevas exigencias.

En definitiva, parece lógico pensar que la evolución cultural (espiritual y moral), es algo intrínseco a nuestro ser más íntimo que no está provocado por el cerebro, sino que *"arrastra"*al cerebro a desarrollarse para estar a la altura del proceso.

Ampliando la perspectiva a la lógica metafísica

Desde un punto de vista metafísico estamos en la misma situación que en los casos de la cosmogénesis y la biogénesis y no vamos a profundizar en ello; aparece una nueva *"forma de ser"*, es decir, se produce un salto ontológico hacia arriba y la causa no puede encontrarse en el escalón inferior. En los tres casos tiene que entrar en juego un principio capaz de provocar dicho salto, y, como decía Descartes, si no lo encontramos dentro del mundo, habrá que buscarlo fuera.

La película *"2001, odisea en el espacio"* de Stanley Kubrick (quien manifiesta no creer en Dios) narra la historia de la evolución humana a lo largo de varios millones de años, y es curioso que imagina esa evolución dirigida por algún tipo de inteligencia o fuerza indeterminada representada por un monolito negro. El monolito aparece en los momentos clave de la evolución, cuando el cambio es sustancial, y en cierto modo expresa lo que aquí estamos planteando. Y es que –al parecer– a Kubrick le ocurría lo mismo que a nosotros: que le resultaba muy difícil imaginar un mecanismo evolutivo capaz de convertir un animal irracional esclavo de sus instintos, en un ser humano libre y consciente. Pero hay más, porque en este razonamiento estamos dando por supuestas cosas que no son evidentes. Desde nuestra atalaya en el último peldaño de la evolución, tanto la materia, como la vida y la conciencia, nos parecen algo natural que está ahí y cuya presencia nos resulta familiar. Pero desde un mundo compuesto de materia inerte, la vida es sencillamente inconcebible, y desde un mundo vegetativo y sensitivo, la realidad humana también lo es. Ninguna de ellas existía ni era posible de concebir en el escalón evolutivo anterior, y se nos ocurre pensar que la Naturaleza puede evolucionar, pero no puede concebir y producir lo inconcebible.

Parece razonable imaginar que al principio tuvo que haber una mente a la que le resultasen familiares la materia, la vida y la conciencia, que planificase el proceso para que fuesen surgiendo sucesivamente. Es más, es posible que este proceso no haya concluido, aunque desde nuestra óptica de personas humanas no podamos concebir nuevos atributos que hoy no existen y que pueden existir en el futuro. Stanley Kubrick termina su película con la imagen de un niño raro que se supone un nuevo hito en la escala evolutiva, pero lógicamente se queda en el símbolo y no va más allá.

Es posible que, tras la realidad material, la realidad vital y la realidad humana, pueda surgir otra realidad inconcebible para nosotros. Para la religión, esa otra realidad se sitúa más allá de la muerte y tiene una naturaleza espiritual libre de las ataduras biológicas, espaciales o temporales.

La respuesta teológica

Hace tres mil años el cronista bíblico lo tenía claro: «*Modeló Yahvé al hombre de la arcilla, y sopló en su rostro aliento de vida*».

Desde la cultura cientifista, desdeñamos su interpretación porque nos consta que no tenía ni idea de cosmología, ni selección natural, ni genética, ni biología, pero quizás nos convendría hacer un pequeño esfuerzo por comprenderle. Nuestro cuerpo y nuestro cerebro proceden del barro, pero es evidente que somos más que barro. El cronista expresa este plus que hay en nosotros con una imagen preciosa: *"el soplo de Dios; el espíritu de Dios"*. Y desde esta imagen se puede entender por qué amamos, por qué compadecemos, por qué sabemos distinguir entre el bien y el mal, por qué nos estremecemos con la música… y es porque venían con el soplo de Dios. Dios nos ha trasmitido su espíritu, y su espíritu es amor, inteligencia, libertad, belleza…

El cronista se ocupa de lo fundamental, aunque ignore los detalles. Ignora que Dios tardó miles de millones de años en hacer el muñeco de barro, y que durante este tiempo hemos recorrido toda la escala evolutiva. Ignora también que ésa es la razón por la que nuestro código genético se parece tanto al de los animales y por la que tenemos sus mismos instintos. Pero sabe que también estamos constituidos por soplo de Dios, y a partir de esa información, podemos intuir que los genes nos arrastran hacia abajo, hacia el barro del que proceden, y que el soplo de Dios nos arrastra hacia arriba, hacia el amor, hacia la compasión…

Sabemos que todo esto no es demostrable, pero creemos que es razonable en la medida que abramos nuestra mente a la *posibilidad* de que exista más realidad que la que conocemos.

Como decía Einstein: «*La ciencia sin la religión es coja*».

Capítulo 13

¿Quiénes somos?

Vamos a terminar este trabajo preguntándonos por nuestra identidad. Sabemos que somos el resultado de un largo y complejo proceso de evolución en el que primero apareció la materia, luego la vida y finalmente nosotros, pero ¿quiénes somos?

Reflexión psicológica

Podríamos pensar que el hecho poseer *"conciencia de nosotros mismos"* implica el conocimiento de *"quiénes somos"*, pero no es así. No lo sabemos y al final de este punto seguiremos sin saberlo, pero nos van a permitir que compartamos unas reflexiones que pueden ser de algún interés.

Los seres humanos somos conscientes de nuestros actos, de nuestros anhelos, deseos, ilusiones, frustraciones y esperanzas; de nuestros sentimientos (como el amor, la felicidad, la compasión, la envidia o la amistad); de nuestras emociones (como la alegría, la tristeza, el miedo o la ira); de que aprendemos y de lo que hemos aprendido; de nuestros semejantes, de nuestro entorno y de muchas cosas más.

Ahora bien, la conciencia de uno mismo es lo más subjetivo que puede existir, y en ella no cabe el plural, no cabe el "nosotros", y eso nos obliga a utilizar la primera persona del singular para reformular estas frases. En este caso hubiésemos dicho que *yo* soy consciente de que *yo* existo, de que *yo* pienso, de que *yo* siento, de que *yo* anhelo, de que *yo* decido, de que *yo* actúo… Pero, ¿cuál es la índole de *"ese yo"* alrededor del cual gira todo mi ser?

"El yo" (entrecomillado para mostrar nuestro desacuerdo con esta expresión) se ha prestado a lo largo de la historia a interpretaciones muy diversas, y no siempre coherentes. Es difícil encontrar dos autores que opinen lo mismo, por lo que sus reflexiones suelen ser dispares e incluso contradictorias. Por esta razón, vamos a exponer en primer lugar nuestra concepción *"del yo"* (entrecomillado) y después reflexionaremos sobre otras concepciones en base a ésta (al contrario de lo que hemos hecho a lo largo de este trabajo).

Y la primera consideración es que *yo* debe ser tratado siempre como sujeto, y no como objeto o predicado: yo pienso, yo siento, yo anhelo… No es correcto hablar de *"mi yo"*, porque yo no puedo poseerme a mí mismo. Tampoco es correcto decir que *"tengo un yo"*, pues la cosa es justamente al contrario: *yo* tengo un cuerpo, un cerebro, una conciencia y unas facultades que conforman mi ser. Esto hace que no sea fácil hablar con rigor *"del yo"*, y que sea habitual en los autores consultados caer en la trampa de convertirlo en objeto para poder reflexionar sobre él.

En la medida de lo posible vamos a intentar no caer en ella, y para tratar de lograrlo, los próximos párrafos se van a redactar en la primera persona del singular y poniendo el énfasis en el sujeto.

Yo soy yo. Lo era cuando acababa de ser concebido y lo seguiré siendo aunque me corten un brazo o pierda la razón. Antes tenía dos brazos y después sólo uno, pero eso no cambia mi identidad; antes tenía consciencia y después no, pero eso tampoco la cambia. Cuando era un bebé ni siquiera diferenciaba entre mí mismo y los demás ya que todavía no tenía operativo el sustrato biológico que sustenta el proceso, pero todos a mi alrededor admitían mi identidad. Incluso después de la muerte seguiré siendo yo en la memoria de mi gente. Es habitual concebir *"el yo"* como centro de la conciencia, pero ello supone tratarlo como objeto y caer en la trampa.

Hemos dicho que yo tengo un cuerpo y un cerebro, pero también tengo un conjunto de conocimientos que se va acrecentando con el paso del tiempo. Pero mis conocimientos no son yo, sino algo de mi posesión. Por mucho que cambien, yo seguiré siendo el mismo, y si pierdo la razón perderé todo mi conocimiento, pero seguiré siendo yo. El mismo razonamiento se puede aplicar al conjunto de mi experiencia. Antes acumulaba pocas experiencias y después muchas más: pero sigo siendo yo.

Y tras este repaso a mis pertenencias ya sé lo que *"tengo"*, pero sigo sin saber lo que *"soy"*. Sé que no soy mi cerebro, ni mi cuerpo, ni mi experiencia de la vida, ni mis conocimientos (porque mientras ellos cambian, yo sigo siendo el mismo). No sé hasta qué punto soy los valores arraigados en mí, o mis capacidades (como mi capacidad de amar o de sentir felicidad), mi personalidad, mi conciencia o el conjunto de todo ello... pero en definitiva no sé lo que soy.

Ahora bien, al menos tengo una pista, pues si considero la parte material de mi ser (la cosa extensa) como una simple posesión, tendré que admitir que yo estoy hecho de sustancia inmaterial. Los eleáticos, con Parménides a la cabeza, defienden que *"somos lo que pensamos"*, pero esta interpretación se nos antoja reduccionista, porque no explica otros atributos como la libertad o el amor. Por eso, y aunque quizás en la práctica signifique lo mismo, prefiero considerarme de naturaleza espiritual; entendiendo el término espiritual como lo opuesto a lo material.

La corriente filosófica que niega la materialidad de nuestro ser se llama idealismo. Algunos racionalistas del Barroco cuestionaban que hubiese más realidad que el mundo mental de cada uno, es decir, ponían en duda la realidad del mundo exterior y del propio cuerpo. No obstante, como representantes destacados del idealismo podemos reducir la lista a Platón, Descartes, Leibniz, Berkeley, Kant, Fichte, Hegel o Schopenhauer –sin excluir a otros quizás no tan conocidos.

Y la verdad es que no se me ocurre negar la realidad de mi cuerpo ni del mundo exterior porque me parece razonable que existan –porque mis vivencias son tan vívidas, complejas y coherentes, que resulta muy difícil sustraerse a ello–, pero me permito cuestionar si mi cuerpo forma parte de mi esencia o es una simple posesión que me permite vivir en este mundo material; es decir, si mi esencia no es puramente espiritual. Dicho esto, dejamos de utilizar la primera persona del singular y volvemos a la tónica general del relato.

Quizá esta concepción *"del yo"* no sea habitual, pues lo normal es considerarlo como algo dinámico análogo a una cebolla que progresivamente va añadiendo nuevas capas –tal como se lo concibe desde el ámbito psicológico–. Esto significaría que hay *"un yo"* que va creciendo desde que nacemos hasta que morimos, es decir, que no es algo permanente, sino que se debe entender como algo en un continuo movimiento de maduración (abandonamos también las comillas).

Kant –idealista destacado– habla de un *"yo empírico"*, ligado a la experiencia, y de un *"yo trascendental"*, inmutable y no sujeto al espacio-tiempo, que no se puede conocer por introspección. A primera vista parece que los trata como objetos, pero si profundizamos, caemos en la cuenta de que no, pues añade que el yo empírico es *"cada uno de nosotros"* con su personalidad, su entendimiento, su carácter, su razón y la experiencia acumulada (nada de ello de naturaleza material). Y es significativo que Kant lo trate como sujeto; una parte de mí cambia (yo empírico) y otra permanece inmutable (yo transcendental). No obstante, no coincide con nuestra concepción por dos razones: la primera, porque *"yo soy un solo sujeto, y no dos"* (uno empírico y otro trascendental), y la segunda, porque nosotros consideramos *"pertenencia"* todo lo que está sujeto a mutación y él lo incluye en el *"yo empírico".*

Freud considera el yo como una simple estructura de nuestra personalidad, lo que lo aleja de nuestra concepción. No obstante, ese yo que media entre nuestros instintos y nuestras ataduras culturales, sociales y religiosas podía tener cierta analogía con el que nosotros proponemos, aunque para ello tendríamos que leerlo más o menos así: *"Yo estoy sometido a una importante carga instintiva, poseo un conjunto de principios morales, vivo en una sociedad que me impone unos condicionantes sociales y culturales, y soy capaz de juzgar y elegir en cada momento mi conducta".*

Ortega, dice que «yo soy yo y mis circunstancias». Probablemente quería decir que las circunstancias influyen de forma determinante en nuestra vida, pero mezclar el yo en este asunto no nos parece acertado. Desde un punto de visto lógico nos está diciendo que A = A + B, lo cual no se sostiene. Desde el punto de vista filosófico, y utilizando una terminología aristotélica, nos está diciendo que mi sustancia es igual a mi sustancia más algo ajeno a mí. Desde el sentido común, mis circunstancias condicionan mis vivencias, pero no mi esencia.

Karl G. Jung, eminente psiquiatra y filósofo suizo, nos deja una definición del yo que merece la pena recoger aquí: «*En el yo reside la conciencia de que existimos y el sentimiento de identidad personal. Es el organizador de nuestros pensamientos, intuiciones, sentimientos y sensaciones. Es portador de los valores que dan sentido a la vida y hacen que valga la pena vivir*». Si esta frase estuviese planteada en la primera persona del singular estaríamos de acuerdo con ella: «*Yo tengo conciencia de que existo y sentimiento de identidad personal. Yo organizo mis pensamientos, intuiciones, sentimientos y sensaciones. Yo soy portador de unos valores que dan sentido a mi vida y hacen que valga la pena vivir».*

Pero Jung continúa diciendo que *«el yo es un factor complejo al que están referidos todos los contenidos de la consciencia»*, y añade que *«el yo es el factor por excelencia de la consciencia»*, y aquí nuestra interpretación comienza a divergir de la suya, porque, insistimos, no se puede concebir como factor, sino como sujeto de todos nuestros actos conscientes e inconscientes. *"Yo"* no es el centro de la conciencia, sino que *"yo tengo"* conciencia, igual que tengo un cuerpo (yo ando), un cerebro (yo pienso), una voluntad (yo decido) y una vida por vivir (yo existo y yo vivo). Es la conciencia la que se convierte en *"objeto"* de estudio o reflexión durante la introspección, pero yo, por su propia naturaleza, es siempre sujeto; en realidad soy yo quien lleva a cabo la introspección escudriñando mi conciencia.

Planteamiento teológico

Esta concepción del yo coincide básicamente con el alma inmortal cristiana puesta por Dios en cada uno de nosotros. El cuerpo muere y el alma le sobrevive para toda la eternidad. Si estamos destinados a gozar de más vida tras la muerte, lo lógico es pensar que sobreviviremos íntegros, sin mutilaciones, aunque dejemos en esta orilla aquellas posesiones que no necesitamos en la *"otra vida"*.

Desde una óptica teológica y según la concepción de ser humano que hemos expuesto, es posible que la forma más coherente de concebirnos sea como el soplo de Dios del que habla el cronista del Génesis. El cronista afirma que en nosotros *"sopla"* el viento de Dios, pero según esta concepción, sería oportuno interpretarlo como que *"somos"* soplo de Dios; que la arcilla es una simple morada transitoria que en ningún caso forma parte de nosotros.

En nuestro mundo material, la única forma en que puede existir ese espíritu o soplo (que podamos existir nosotros) es que esté encarnado. El cristiano cree que el espíritu de Dios se manifiesta en nosotros en forma de amor, tolerancia, felicidad... pero en este mundo no puede haber amor, sino personas que amen y sean amadas, ni puede haber felicidad, sino personas que sean felices. El amor, la tolerancia o la felicidad, sólo pueden darse en las personas; sólo se pueden manifestar encarnados. Yo soy soplo de Dios, espíritu de Dios, con todo lo que ello implica; amor, compasión, tolerancia, libertad... en busca de felicidad. Lo demás son unas pertenencias que perderé cuando ya no las necesite.

¿Y después de la muerte?

El libro de Gaarder, *"El mundo de Sofía"*, comienza con una pregunta inquietante: *"¿Quién eres?"*, y ante ella, su protagonista, Sofía, se plantea esta sencilla reflexión: «*Estamos aquí y ahora rodeados de personas animales y cosas, somos conscientes de ello y es fantástico vivir. Luego desaparecemos de este mundo ¿No es injusto que se nos dé algo para arrebatárnoslo después?*».

¿Qué nos espera tras la muerte? No lo sabemos; y no lo sabemos porque no sabemos quiénes somos. Mejor dicho, cada uno tiene su propia concepción de sí mismo, pero, en general, sus dudas al respecto son tan fuertes como sus certezas. Para unos, somos mera contingencia caduca condenada a desaparecer. Para otros, la minúscula porción de un Cosmos sacralizado al que identifican con Dios; es decir somos nada menos que *"existencia de Dios"*. Hay quien piensa que somos mera ilusión, y quien cree que somos los hijos amados con locura por un Dios personal que nos espera al otro lado de la muerte.

¿Quiénes somos? Aparentemente somos cuerpo que se deteriora con la edad y acaba muriendo y descomponiéndose. Es evidente que no podemos contar con él si soñamos con más vida después de la muerte. Pero no importa, también somos mente; pensamiento. Hemos dicho que los eleáticos identifican el ser con el pensar, es decir, creen que la mente es lo único que determina nuestra existencia: *«Pienso, luego existo»*. Pero el cerebro, soporte del pensamiento, también muere. Entonces, ¿qué nos queda?

Todo lo que tengo, incluido mi cuerpo y mi cerebro, se me escapará un día de las manos. Sólo me quedará lo que soy. Me gusta pensar que soy ese *"soplo de Dios"* del que nos habla el Génesis, es decir, que soy amor, libertad, tolerancia y compasión; que el cuerpo, el cerebro, e incluso el conocimiento y la experiencia, son pertenencias caducas que no forman parte de mí. Pero ¿cuál es el bagaje que me acompañará al otro lado de la muerte? ¿Me acompañará el sentimiento de identidad personal? ¿O soy como la ola que tras romper en las rocas queda diluida en el mar? ¿Cómo influirá mi vida aquí, en este mundo, en mi vida tras la muerte? No lo sé. Son preguntas para las que no tengo respuesta racional.

Pero donde falla la razón surge la esperanza en que la muerte no sea el fracaso definitivo e inapelable, el absurdo por excelencia, el sinsentido mayor que cabe concebir. Pero esta esperanza hunde sus raíces en la fe, y por eso son de envidiar profundamente aquellas personas que creen *"de verdad"* en el Dios de Jesús; que confían plenamente en que Abbá nos tenga preparado algo estupendo cuando pasemos el umbral de la muerte. Algo que no somos capaces de imaginar, pero que Pablo expresó magníficamente en Corintios 2,9: *«Cosas que ni ojo vio, ni oído oyó, ni han entrado en el corazón del hombre»*.